당신은 누구의 후예입니까?

빛의 심장으로 승리하라!

유니스 김 Eunice Kim 지음

쿰란출판사

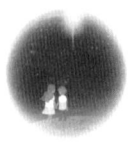

추천사

프리드리히 니체라는 이름을 들어보지 못한 사람은 없을 것입니다. 한 시대 젊은이라면 모두 그의 책 한 권 정도는 읽었을 것이고, 인생 문제를 고민하는 사람이라면 그의 가르침에 위안을 얻기도 했을 것입니다. 서구 사회를 지배해 온 일체의 종교, 철학, 윤리를 다 부정하는 그의 정신은 "신은 죽었다"라는 천명에 잘 나타납니다. 신이 없는 세상에서 인간에 대한 무한 긍정과 자유 정신을 살아가는 '초인'을 창조하고 인간의 허무를 극복하기 위해 현재를 영원처럼 사랑하며 살라는 '아모르 파티' 정신도 외쳤습니다. 결국 신이 없는 세상에서 마지막 의지할 수 있는 사람은 자신 밖에 없기에 니체의 글을 읽는 사람이라면 자연스럽게 기독교의 신을 멀리할 수밖에 없을 것입니다.

김유니스 작가의 글은 니체의 마음속으로 들어가 그의 정신세계를 자연스럽게 풀어놓았습니다. 초인사상을 부르짖었지만 거울 앞에서 홀로 고민하고 있을 한 사람, 일체의 공허감을 극복하기 위해 현실에 대한 사랑과 충실을 강조하지만 깊은 밤에 고독한 영혼의 방황을 경험했을 니체를 우리 앞에 소환시켜 놓았습니다. 그리고 예수 그리스도와 진솔한 대화를 통해 자신의 동굴에서 벗어나 빛의 세계를 경험하게 만들어 놓았습니다. 마침내 니체 자신의 목소리로 하늘에서 펼쳐질 새로운 삶에 대한 소망을 노래하고 하나님의 자녀로 거듭나게 된 감격을 고백하게 했습니다.

니체가 세상을 떠난 지가 한 세기가 훨씬 지났지만 아직 니체의 그림자는 수많은 인생을 지배하고 있습니다. 하나님 앞에서 자신을 발견하지 못하는 사람이 경험하는 인생의 방황은 그가 니체와 같이 뛰어난 철인이든 일상의 삶으로 고민하는 평범한 사람이든 똑같습니다. 진정한 삶의 의미를 놓고 고민하는 모든 사람은 이 책을 통해 하늘에서 들려주는 생명의 소리를 듣게 될 것입니다. 어둠의 날들 앞에 불면의 밤을 지새우는 사람은 삶의 희열을 맛보게 될 것입니다. 저자의 글을 니체가 읽는다면 무슨 생각을 할까를 생각해 봅니다. 너무나 안타깝게 삶을 마감한 니체가 진정한 하늘의 빛을 발견할 수 있지 않을까요. 니체가 그러하다면 어떤 독자라도 이 책을 통해 찬란한 생명의 빛을 발견할 것입니다.

류응렬
와싱톤중앙장로교회 담임목사,
고든콘웰신학대학원 객원교수
전 총신대학교 교수(Ph.D.)

서문

본 소설 《빛의 심장으로 승리하라!》는, 내 마음의 자유와 내 영혼의 작은 우주를 찾아가는 여정을 그린 책이다.

내 마음의 자유를 찾기 위한 출발점에서, 나는 나의 처녀작 《빛도 어둠도 있으라》를 만났다. 그곳에서 나는 나의 빛과 어둠을, 나의 선한 마음과 악한 마음을 만나게 되었다. 그리고 서로 상반된 두 형상은 균형과 조화를 이루면서, 나의 시작을 생각하게 하는 나의 두 번째 작 《태초에 네가 어디에 있었느냐》로 향했다. 나는 그곳에서 아주 낯선 태초와 천지창조의 전설과 내 생명의 연결고리를 만날 수 있었다. 그들은 탯줄처럼 나를 보호하고 있었으며, 삶의 두려움으로 떨고 있는 나에게 《빛의 심장으로 승리하라!》고 해결책을 알려 주었다. 나의 세 번째 작 《빛의 심장으로 승리하라!》는 이렇게 시작되었다.

내 영혼의 존재와 내 생명이 살아있음은…무한대의 우주 공간과, 무한대의 기운과, 무한대의 균형과, 무한대의 거듭남과, 무한대와의 공존임을 증명해 주었다. 나는 알고 싶었다. 내가 그들과 함께 살아있는 이유를…

　먼저 나는 누구의 후예인지 알고 싶었고, 나를 에워싸고 있는 자연계를 알고 싶었으며, 무한대의 모든 것을 통솔하는 힘을 알고 싶었다. 그리고 이 모든 환상적 움직임을 나에게 소개하고 중재할 인물을 만나고 싶었다. 나의 절절한 소망 가운데…나는 그를 만날 수 있었다.

　그는 내가 갇혀 있는 죄의 동굴을 말해 주었고, 선인의 초라함과 악인의 부유함에 대하여, 내가 영원히 살아있는 하늘나라의 꿈에 대하여, 내 영혼의 작은 우주와 하늘의 커다란 우주에 대하여, 참 빛의 심장에 대하여, 그리고 나는 참 빛의 소중한 자녀임을 말해 주었다.

　그는 참 빛과 인간인 나 사이의 중보자이다.

　그는, 참 빛이 누구인지 알려주었다. 참 빛은 내 영혼의 작은 우주를 비추며 사계절을 새겨 두고 계절이 되풀이될 때마다 나를 성장시키며 내 영혼의 보호막이 됨을 알려주었고…참 빛은 나의 태초부터 지금까지 앞으로도 영원히 내 영혼의 작은 우주와 함께 있으리라는 믿음을 주었다.

그는, 내가 어둠의 골짜기로 실족하지 않도록 언제나 나의 손을 잡고 있음을 알려주었으며…참 빛의 전신 갑주를 입고 빛의 용사가 되는 길을 알려주었다.

본 소설《빛의 심장으로 승리하라!》는, 내 마음의 소리이고 내 영혼의 빛과 휴식과 자유와 승리의 기쁨을 맛보는 나의 작은 우주 공간이다.

이 글을 읽는 세상 끝까지 모든 분들이, 자기 자신이 우주의 한 부분임을 알고…자기의 귀함을 알며…자신의 소중한 우주를 사랑하고…자기 가슴에 빛의 심장으로 자유를 만끽하기를 바란다.

2024년 6월

유니스 김

차례

추천사 류응렬 와싱톤중앙장로교회 담임목사,
　　　　　고든콘웰신학대학원 객원교수,
　　　　　전 총신대학교 교수(Ph.D.) ⋯ 2
서문 ⋯ 5

제1부　To my friend

　　1. 친구여! 당신은 누구의 후예입니까? | 12
　　2. 자연계와 알지 못하는 신(神)들 | 24
　　3. 친구들이여! 죄의 동굴에서 나오라! | 36

제2부　내 우주여, 어둠을 헤치고 일어나라!

　　1. Daniel의 소우주 여행기 | 48

2. 하나님! 당신은 어디에 계십니까? | 60
   - 어찌하여 악을 모른 체하십니까?
3. 천국이 무엇이길래… | 78

제3부 빛과 어둠의 군사

1. 빛의 용사 | 94
   - 하나님의 전신 갑주
2. 외로운 장군의 눈물 | 112
   - 친구여! 참 빛 심장으로 승리하라!

제1부
To my friend

1. 친구여! 당신은 누구의 후예입니까?
2. 자연계와 알지 못하는 신(神)들
3. 친구들이여! 죄의 동굴에서 나오라!

1.
친구여! 당신은
누구의 후예입니까?

[Christ] 친구여! 그대는 인생이 행복한가?

[Zara] …어느 때는 행복해서 기쁨이 넘치고…어느 때는 불행해서 슬픔에 잠기며…거의 언제나 행복과 불행의 갈림길에서 방황을 하지….

[Christ] …삶의 행복과 불행은 과연 무엇일까….

얼마 전, 두 청년은 우연히 산언덕에서 만났다. 잔잔한 호숫가 언덕에서 각기 생각에 잠겨 있던 그 둘은 때마침 눈이 마주쳤으며 서로에게 눈길이 끌렸고, 마음과 마음이 통하는 기분을 느끼며, 서로에게 향하고는 손과 손을 마주 잡았다. 이렇게 두 청년의 만남은 시작되었고, 이름을 알게 되었으며 서로를 '친구'라고 불렀고, 날마다 만나서 대화를 나누며 지나온 날들을 이야기하고 세상만사에 관하여 상호 간의 견해를 나눴다.

그날도 역시 두 청년은 언덕 바위에 앉아서 푸르른 하늘을 향해 고개를 젖히고 산들바람을 한껏 마시며 명상에 잠겼다. 하늘과 바람은 그 둘의 몸과 마음에 가득히 차며 출렁이고 두 청년은 번갈아 가며 기쁨의 노래를 읊었다.

[Christ] 하늘이여! 무한한 가슴으로 인간을 안고 있는 하늘이여!
당신은 그 넓은 품으로 영원을 말하는가?
당신이 구름 속에 수놓는 무지개는
내가 사나 죽으나 언제 어디에서나
당신 품 안의 자녀라고 알려 주는가?

[Zara] 진리의 근원 하늘이여!
당신은 언제나 내 머리 위에 머물며,
시간과 공간의 초월을 알려 주는가?
당신은 끝없이 변함없이 돌고 돌며,
천체의 참된 이치를 보여 주는가?

[Christ] 그대, 상쾌한 바람이여!

그대는 어디서부터 왔는가?

솔솔바람을 한아름 품고서 마음을 달래주는 그대여!

믿음의 씨앗, 소망의 씨앗을 뿌리는 부드러운 손길이여!

그대는 정녕! 사랑이어라!

[Zara] 순한 내면에 힘의 의지를 담고 있는 바람이여!

그대는 삶의 의지를 말하려 하는가?

그대의 원조는, 나의 처음이 생성된 곳,

저 멀고 높은 곳, 그러나 내 안에 머무는 거기인가…?

우주의 가치와 생리가 시작된 바로 그곳!

바람이여! 그대의 처음도 거기인가…?

두 청년은 가슴속에서 한가득 벅차오르는 희열을 노래하고 서로를 쳐다보며 만면에 미소를 띠었다.

[Christ] 나는 늘 혼자서 이 기분을 느꼈는데…이제는 친구가 생겨서 더욱 행복해.

[Zara]   나 역시!

[Christ] 친구여! 그대는 바람의 말소리를 듣는가?

[Zara]   내가 듣는 바람의 말소리는, 내가 살아있다는 것을 알려 주고 삶에 대한 희망과 의지를 갖게 하지.

[Christ] 맞아! 내 존재를 인식하게 하는 바람의 말소리는, 내 마음에 평안을 느끼게 해.

[Zara]   그러나 바람은 때때로 성을 낼 때도 있어. 바람이 큰 소리로 휘몰아치면, 나는 불가항력에 몸을 웅크리고 고개를 숙이며 온몸을 떨기도 해. 그대도 그런 경험이 있는가?

[Christ] 물론! 바람이 폭풍우를 일으킬 땐, 피할 수 없음에 두려움을 느끼고 나도 모르게 나 자신을 돌아보게 되지…그러나 바람은 깨우침을 남기고 지나갈 뿐, 겁을 주기 위해서 머무르지 않아.

[Zara]   친구여, 그대는 긴 날들을 벌판에서 보냈다고 말했는데…그곳의 생활은 어땠는가?

[Christ] 나는 몸과 마음이 발육하며 청년으로 변화할 때에, 인생의 번민이 시작되었어. 번민의 까닭은…내가 이 세상에 태어난 이유를 몰랐고, 앞으로 살아갈 사회에 대하여 아는 것이 아무것도 없었기 때문

이었지. 나는 나 자신을 알고 싶었으며 하늘과 땅에 존재하는 모든 생물체의 생성 근본과 기초 그리고 그 진리에 대하여 알고 싶었어.

나는 알고 싶은 여러 가지 사실을 묵상하기 위해서 사람이 살지 않는 황량하고 광활한 벌판으로 갔지. 그곳은 고요와 평온한 기운이 흐르고 있었으며 그 분위기는 내 몸과 마음을 원초적 미개인으로 만들었어. 나는 전혀 어떠한 생각도 없이 멍멍하게 하늘과 자연의 움직임을 따라서 낮에는 깨어 있고 밤에는 잠을 자며 지냈지. 그러던 어느 날, 나는 하늘과 자연의 반복적 현상 속에 내가 포함되어 있음을 느꼈어. 하늘과 자연의 거듭되고 순환하는 광경은 나의 고갈된 영혼에 생기를 주며 질문을 던졌지.

"나는 어디서 왔는가…?", "나는 왜 여기 있는가…?" 등등 나 자신의 맨 처음과 그 원인을 생각하게 했어. 나에 대한 물음이 계속되고 생각이 깊어지면서…나는 눈에 보이는 몸과 눈에 보이지 않는 영혼이 함께, 혹은 다르게 작용하고 있음을 알게 되었지. 내 몸은 내 영혼의 기운으로 반응을 하지만, 내 영혼은 보이지 않고 알 수 없는 어떤 곳으로부터 기운을 받는 것 같았어….

이렇게 묘연하게 내 영혼에 대한 기초원리를 헤아리게 된 것은…오랜 날들을 혼자서 외로움과 역경을 거치면서 아주 조금씩 짐작하며 깨닫게 되었지.

[Zara] 역경이라 함은, 구체적으로 어떤 상황을 말하는가?

[Christ] 우선은 배가 몹시 고팠고, 혼자라는 고독이 나를 괴롭혔지. 내장과 감정의 빈곤은 내 영혼을 혼탁하게 했어. 나는 잠을 이룰 수 없었고 텅 빈 몸과 마음은 환각 증세를 일으켰지. 때때로 악몽이 엄습하고 나의 영육을 억누르며 뒤흔들었어. 나는 무섭고 불안했으며, 그 상황에서 벗어나려고 발버둥쳤지. 그러나 쇠약한 나는 지쳐서 혼미 상태에 빠졌어. 흐려지는 의식 속으로 괴물같이 생긴 인간이 보이고, 그 마귀는 나에게 질문을 던졌어. "너는 누구의 자식이냐?"라고….

Christ는 하늘을 우러러보며 Zara에게 물었다.

[Christ] 친구여! 당신은 누구의 후예입니까?

Zara는 숙연한 표정으로 생각에 잠겼다. 그리고 잠시 후에 입을 열었다.

[Zara]   내가 현실 세계를 피하여 동굴로 들어간 이유는… 바로 그 질문, 즉 '나의 시초는 어디이며, 나는 누구의 후예인가?'라는…수수께끼 같은 미스터리를 풀고 싶었기 때문이지….

[Christ] 그러면 그대는 동굴에 살면서 그 질문을 풀었는가?

[Zara]   아니…! 미숙했던 나는 세상과 사람에게 실망하고 그들이 나의 이상 세계를 이해하지 못했기 때문에 안타깝고 화가 났었지. 그래서 나는 누구에게도 방해를 받지 않고 명상을 하며 하늘과 자연과 나의 근본 관계를 알고 삶의 지혜를 얻으려고 동굴을 찾아갔어.

처음에 동굴 생활은 구속이 없는 자유분방의 만사태평함을 주었지. 그러나 많은 날들이 지나면서 나는 혼자 남은 소외감과 고립감이 깊어지고 어두운 동굴에서 공포감을 느꼈어.

동굴은 눈을 떴을 때나 감았을 때나 캄캄했지. 밝은 빛을 외면한 어둠은 나에게 어두운 상태를 익

숙하게 하고 세상의 실상을 제대로 볼 수 없도록 만들었어. 뿐만 아니라 침침한 동굴의 환경은 세상에 대한 부정과 반항심 그리고 우울증을 유발시켰으며, 인생무상의 허무 속으로 몰아넣었지. 그렇게 공허한 시간이 길어지면서 내 마음은 불편하고 조급해지며 미지의 세계였던 동굴에 대한 호기심을 잃게 되었어. 그리고…인간은 혼자서 살 수 없음을 알게 되었고…'삶의 지혜는 어느 곳을 찾아가서 얻는 것이 아니라, 내 마음을 내가 성숙시키는 것이 아닐까…?' 하는 깨달음을 갖게 되었지. 그래서 나는 동굴 생활을 청산하고 현실 세계로 돌아왔어….

지금의 나는 내가 서 있는 곳에서 나 자신을 알아가는 중이고, 내 자아를 성장시키기 위하여, 어제도 오늘도 또 내일도 '나의 시초는 어디이며, 나는 누구의 후예인가?'라는 수수께끼에 퍼즐을 맞출 것이고, 여전히 그 진리의 미궁 안에서 진정한 나를 찾으며, 덕을 쌓고, 지상의 삶에 충실하며, 내 삶을 창조하려고 해!

두 청년은 크게 입을 벌리고 투명한 공기를 들이마시며 긴장을 풀었다. 언덕 아래 호수 어귀로 고깃배 두 척이 들어왔다. 한 척의 배에는 물고기가 가득 실려 있었고, 다른 한 척의 배에는 물고기가 거의 없었다. 두 청년은 언덕을 내려갔다. 그리고 어부들에게 이야기를 건넸다.

[Christ] 어부들이여! 오늘의 고기잡이는 어땠는가?
[어부1] 우리는 만선의 기쁨을 누리는 중이지.
[어부2] 우리는 오늘 완전 망했어. 물고기가 거의 없었지. 젠장! 우리가 오늘 새벽에 신(神)들에게 빌지 않았기 때문에…신(神)들이 화가 난 것이야. 쳇!

Zara는 이해할 수 없었다. 그는 신(神)들이 물고기 몰이와 관련이 있는지에 대하여 의문을 품으며 어부2에게 물었다.

[Zara] 글쎄, 뭐랄까…? 혹시 물결의 흐름이 빗나간 것은 아닐까?
[어부2] 뭐라고? 고기잡이를 모르면 조용히 해! 나는 태어날 때부터 아버지 품안에서 고깃배를 탄 사람이고, 오늘까지 내내 바다와 함께 자랐기 때문에 저절로

물결의 흐름을 안다고! 당신이 빈손의 비참함을 알아? 가족을 먹여 살려야 하는 가장의 급박한 마음을 알기나 하냐고?

기분이 상한 어부는 못마땅하게 청년 Zara를 흘겨보며 터벅터벅 걸어갔다. Christ는 어부의 힘없는 뒷모습을 보며 마음이 아파와서 애처로움으로 고개를 떨구었다.

다음 날 새벽, Christ는 호수 어귀로 갔다. 그리고 어제 만났던 어부들 중 어부2에게 부탁을 했다.

[Christ]   친구여, 그대와 함께 물고기를 낚고 싶은데…허락해 주겠나?
[어부2]   그러게…그러나 재미있지는 않을 거야…나는 고기잡이에 운이 없는 사람이거든….

고깃배는 여명을 뚫고 조심스럽게 물살을 가르며 출발했다. 물살은 동트는 하늘을 향하여 고개를 들고 파르르 날갯짓하며 찬찬히 헤엄쳐 나갔다. 고요 속에서 찰랑찰랑 거리는 물결의 작은 파동은 잠자는 정적을 깨웠고, 물결 날개 사이사이로 물고기들의 모습이 드러났다. 어부는 긴장하며 동생에게 속삭이듯 외쳤다.

[어부2]   어서 빨리 그물을 내려!!!

삽시간에 물고기들이 떼를 지어 몰려들고, 그물 안에서 퍼덕이는 물고기들의 비늘이 새벽빛에 반사되며 번쩍였다. 어부 형제는 숨을 고르며 조금씩 그물을 끌어당겼다. 삶의 투쟁을 고스란히 보여주는 형제들의 거친 손등은 흥분으로 떨리고 굳게 다물었던 입술이 슬며시 열리며 안도의 한숨을 내쉬었다.

물고기들로 가득 찬 형제들의 고깃배가 호수 어귀로 돌아왔다. 마음의 여유가 생긴 어부 형은 동생과 어깨동무를 하고 Christ를 보며 말을 건넸다.

[어부2]   내 이름은 Peter이고, 내 동생 이름은 Andy. 그대 이름은?
[Christ] 내 이름은 Christ.
[Peter]   친구 Christ! 오늘 저녁때 우리 집에 와 주겠나?
[Christ] 고마워. 그런데 내 친구 Zara와 함께 가도 되겠나?
[Peter]   당연하지!

형제 어부들은 가득 채워진 고기 자루를 어깨에 매고, 콧노래를 흥얼대며 경쾌하게 걸어갔다. Christ 역시 가벼운 발걸음으로 언덕에 올랐다.

2.
자연계와 알지 못하는 신(神)들

어부 형제의 집에는 동네 어른들과 청년들, 아이들이 가득 모였다. 청년들은 불을 피우며 고기를 굽고, 젊은 여인네들은 떡과 과자를 만들었다. 그리고 아이들은 그 곁에서 마냥 천진 난만하게 뛰어 놀았다. 형 Peter는 방문객들에게 자신의 가족을 소개했고, 가족들은 기쁜 마음으로 웃음 지으며 서로서로 인사를 했다. Christ와 Zara 역시 그들과 합류하며 인사를 나눴다.

[Peter]   여러분! 반갑습니다! 우리는 오늘 오랜만에 많은 물고기를 잡았지요. 그래서 이 기쁨을 이웃과 함께

나누고 싶습니다.

[Andy]   우리 집 잔치에 오신 것을 환영합니다. 맛있는 음식 많이 먹고 즐거운 시간 보내십시오.

[모두]   형제들을 위하여 건배!

모두들 먹고 마시는 행복감에 푹 빠졌다. 넉넉하게 배를 채운 그들은 둥그렇게 둘러 앉아 이름을 주고받으며 오순도순 이야기를 나눴다. 한편 마당 한쪽의 우물가에서는 Peter 어머니를 중심으로 여인네들이 모여 정성스럽게 음식상을 차렸다. 하늘에는 달이 차오르고, 그윽한 달빛은 뜰 안을 감싸 안았다. Peter 어머니는 음식 상 앞에 무릎을 꿇고 앉아서 두 손바닥을 합치고 기도하는 마음으로 달을 보며 간청했다.

[Peter 어머니] 하늘의 신(神)들이여! 오늘 우리 식구들이 배 불리 먹게 해 주셔서 감사합니다! 앞으로도 많은 고기를 주십시오.

동참한 여인네들도 달빛을 우러러보며 Peter 어머니를 따라서 두 손을 모아 빌었다. 그들은 한참 동안 성심을 다하여 두 손을 비비고 몸을 굽혀 절을 하며 의식을 치렀다.

제1부 To my friend

제사를 마친 여인네들이 이야기가 한창인 마당으로 돌아와서 가담했다. Peter는 합석한 여인네들과 모두를 둘러보며 잔뜩 기대에 부푼 목소리로 말했다.

[Peter] 어머니가 제사를 드렸으니까, 내일부터는 신(神)들이 물고기를 많이 주겠지요…? Christ! 그렇게 생각하지 않나?

[Christ] 그대 어머니의 정성 어린 마음이 하나님께 전달되었기를 바라네.

[Zara] 내 생각은…알지도 못하는 허다한 신(神)들에게 당신의 생계를 의존하지 않고, 자신의 능력을 찾아서 자신의 힘으로 노력을 한다면…삶에 대한 자신감과 긍지가 생기지 않을까?

Peter가 두 주먹을 불끈 쥐고 얼굴을 붉히며 Zara를 노려보았다. 동시에 젊은 처녀가 두 사람 사이로 뛰어들었다. 그 처녀는 모든 일에 긍정적이며 밝고 명랑하며 참된 마음으로 하나님을 믿고 사랑하는 Maria 1이다(마을에 Maria라는 이름을 가진 여인네들이 많아서, Maria 1, Maria 2로 표기함).

[Maria 1] 우리는 모두가 하나님의 아들, 딸이지요! 그러니까 형제자매들끼리 다투는 것은 옳지 않아요!

이 상황을 지켜보던 한 청년이 자리에서 벌떡 일어났다. 그는 평소에 말이 없고, 심각한 표정을 일관하는 Juda라는 청년이다.

[Juda] Maria! 당신은 하나님을 본 적이 있어? 당신 눈으로 직접 본 적이 없으면, 본 것처럼 함부로 말하지 마!

둘러앉은 사람들이 서로서로 눈치를 보며 술렁이기 시작했다. 그리고 같은 생각을 하는 사람들끼리 삼삼오오 갈라져 앉았다. 어떤 사람들은 하나님을 믿고 의지했으며, 어떤 사람들은 알지도 못하는 모든 신(神)들을 격하게 찬양했고, 어떤 사람들은 아예 신(神)들의 존재를 믿지 않았으며, 신(神)들이 있거나 없거나 관심 조차도 없는 몇몇 사람들은 따로 앉았다.

[Peter] 누구든지 우리 가족을 배불리 먹게 해 준다면, 그 분이 나의 신(神)이야. 나를 도와주는 분이 하나님이든, 전설로 떠도는 죽은 사람들이든, 일월성신이

든, 이름이 무엇이든, 그런 것은 상관하지 않아! 내 눈으로 직접 보는 것이 뭐가 중요해? 보이지 않아도 나의 생활 형편을 풍요롭게 해 주면 그만이지.

Peter의 가족들과 모든 신(神)들을 격하게 찬양하는 사람들이 그의 말에 동감하듯이 고개를 끄덕였다. 그와 동시에 한 여자가 앞으로 나섰다. 그녀는 머리를 풀어헤치고, 눈에 초점을 잃었으며, 입에 거품을 물고, 얼굴 한쪽은 심하게 씰룩였다. 그녀의 이름 역시 하나님 믿는 Maria와 같았다. 그러나 그녀는 귀신을 섬기며, 부귀영화를 원하는 사람들에게 재물을 받고 굿판을 벌이는 무당이다. 그녀는 두 팔을 번쩍 올리고 자신이 숭배하는 망령들에게 외쳤다.

[Maria 2] 오! 나의 신(神)들이여! 오소서! 불쌍한 사람들에게 기적을 보여 주소서!

그녀는 허공에 두 팔을 휘저으며 온몸을 부르르 떨고 눈동자를 뒤집으며 고개를 완전히 등 뒤로 젖혔다. 그리고는 알아듣지 못할 말로 괴성을 질렀다. 이 광경을 보는 대부분의 사람들은 무엇인가 희한한 장면을 볼 수 있다는 긴장감으로 Maria 2의 기이한 몸부림을 응시했다. 그렇지만 귀신들의 존재를 믿지 않는 사람들은 눈살을 찡그리며 얼굴을 돌리기도 했다. 그녀는 관중들의 기대감을 만족시키기 위하여 더욱더 거세게 온몸을 뒤틀고 악을 썼다. 그러나 처절한 몸부림에도 기적은 일어나지 않았고, 독이 오른 그녀는 자신의 몸을 할퀴고 물어 뜯었다. 그녀의 행동을 주시하던 Christ가 자리에서 일어났다. 그리고 그녀의 어깨를 잡고 애원했다.

[Christ] Maria여! 깨어라! 자신에게 돌아오라!

순간, 그녀가 발작을 딱 멈추고 눈을 똑바로 떴다.
이 광경을 바라보던 Zara가 일어나 모두를 향하여 외쳤다.

[Zara] 여러분! 보셨습니까? 여러분이 알지도 못하는 죽은 사람의 망령은 기적을 일으킬 수 없습니다. 어리석은 기대와 환상에서 벗어나십시오!

그러나 대부분의 사람들은 Zara의 말에 반응하지 않았고, 그 말의 의미를 알지 못했다. 오히려 호기심이 극에 달한 사람들은, Christ가 Maria 2보다 훨씬 큰 초능력을 가졌다고 생각하며 극도로 흥분하고 Christ와 Maria 2를 번갈아 보았다. 뿐만 아니라 어떤 사람들은 Christ의 신통력을 가까이에서 보려고 앉은 자리를 옮기기도 했다.

Christ는 모두를 향해 부드럽게 이야기했다.

[Christ] 친구들이여! 하늘에서 빛나는 별들을 보라…! 하늘 아래에 살아있는 모든 생명을 보라…! 그리고 그대 자신을 보라…! 그대가 존재하므로 볼 수 있는 것, 느낄 수 있는 것, 이 모든 것이 기적의 한 부분이라.

기적은 개인의 사사로운 탐욕을 위하여 일어나는 것이 아니고, 미지의 세계에서 오는 것도 아니며, 죽은 사람들의 혼을 부른다고 보여지는 것이 아니라…기적은 우리가 살고 있는 주위 환경에 있으며 우리 눈에 보이거나 보이지 않아도 사람을 포함한 천지만물 안에서 숨쉬는 모든 생명이 곧, 기적이며 사랑의 굴레라.

사랑의 굴레는 기적의 시작점이고, 우주 만물의 연결 고리이며…인간의 삶 자체라. 우리의 삶이 고행이라고 느낄 수도 있지만…낮과 밤이 함께 공존

함과 같이 우리의 인생도 기쁨과 어려움이 함께 공존하리라. 그리고 공존하는 모든 현상들은 서로의 반대적인 면을 보고 느끼며 깨닫고 알게 되리라.

사람이 태어나서 성장하듯이, 나무도 해마다 나이테를 만들고…우리에게 꿈을 안겨주는 달도 자신의 둘레를 회전하면서 크고 작아지는 모습을 보여 주리라. 이처럼 우리는 우주의 만물과 함께 어우러지며 살아가고, 하늘과 땅의 변화 속에서 어려운 재앙을 겪을 때도 있지만, 계절의 찬란한 색깔을 보며 희망을 갖고 환희를 느끼기도 하리라.

그뿐만 아니라 우리가 값없이 취하는 공기, 스스로 존재하는 대자연, 광활한 우주 등등은 우리의 삶을 보호하는 사랑의 울타리이고, 살아가는 의미이며, 태초부터 우리에게 주어진 기적의 선물이라!

친구들이여! 아름다운 땅에서 아름다운 삶을 영위하라!

친구들이여! 현재의 삶을 귀히 여기고 빛과 어둠의 진리를 느끼며, 자신과 이웃을 사랑하라!

친구들이여! 그대가 살아있음에, 기적은 그대 곁에 있으리라!

[Zara]	여러분! 인간의 망령과 사후 세계의 환상에서 벗어나고, 지금 당신이 서 있는 땅을 사랑하십시오! 지상에서 자신의 덕과 자신의 가치를 창조하십시오!

이번에도 사람들은 Zara의 말에 무관심했고, Christ와 Maria 1의 말에는 Juda가 한심스러운 표정을 지으며 대항했다.

[Juda]	기적은 그런 기정사실이 아니오! 언제나 볼 수 있는 것들이 아니란 말이지! 우리가 원하는 기적은, 눈에 보이지 않던 것이 갑작스럽게 나타나는 현상을 말하는 것이야. 즉, 죽은 사람이 우리 앞에 나타나서 말을 하거나, 하늘에서 금은보화가 떨어지거나 등등 불가사의한 상태를 눈으로 보는 것이지! 그리고 누구나 기적을 보여줄 수 없기 때문에, 신들린 무당의 입을 통해 죽은 사람의 말을 들으며 그 신기한 광경을 보려고 하는 것이지….

[Zara]	Juda! 당신은 신들린 무당이 자신의 생각을 말한다고 느낀 적은 없는가? 그리고 무당의 희한한 몸부림은 신경질적 발작이 아닌가…? 당신의 지나친 호기심이 당신 자신을 병들게 할 것이요…터무니없는

기적을 바라기보다는 오히려 자기 마음의 소리에 귀기울이고 존중하며 자연변화에 관심을 갖는다면…당신의 삶은 순수하고 보람되며 희망찬 날들을 맞이할 것이요.

[Juda] 나는 수시로 변하는 내 마음과, 저절로 변화하는 자연 현상 따위에는 관심이 없소! 오직 나의 관심은 앞으로 닥쳐올 날에 대하여 알고 싶기 때문에… 무당이 숭배하는 신(神)들의 점술을 통해서 앞날의 운수를 듣고 싶은 것이요! 내가 앞날을 미리 알고 조치를 취하면 내가 목표하는 삶을 이룰 수 있을 것 같소!

어떤 사람들이 Juda의 말에 동조하며 박수를 치는데, Maria 2가 회심의 미소를 지으며 유유히 나타났다.

[Maria 2] 그렇지! Juda! 나의 신(神)들을 숭배하라! 그리하면 당신이 원하는 점괘를 내려 줄 거야! 하하하….

[Zara] Maria! 당신도 죽은 귀신들의 망령된 혼에서 벗어나서, 당신 자신을 찾는다면, 자유롭고 행복한 삶이 될 것이요!

[Maria 2] Zara! 당신에게 나의 신(神)들이 저주를 내릴 것이야!

그 둘은 눈이 뚫어지도록 서로를 경멸하며 쳐다보았다. 그 와중에 Maria 1이 수줍게 얼굴을 붉히고 일어나, 입술에 힘을 주며 말했다.

[Maria 1] 여러분! 나는 하나님의 음성을 들어요! 그리고 하늘 나라도 보아요!

사람들은 일제히 Maria 1을 쳐다보며 놀라움을 금치 못했다. 그들은 마음 속에서 일어나는 의심 내지는 믿음으로 감정의 폭을 오고 가며 Maria 1의 다음 말을 얌전히 기다렸다.

[Maria 1] 나는…내 마음의 소리를 듣고, 내 꿈 속의 나라를 보아요. 내 마음의 소리는 하나님의 음성이고, 내 꿈 속의 나라는 친구 별들이 총총히 반짝이는 하늘 나라예요.

특별한 사건이 일어나기를 바랐던 사람들은 Maria 1의 뜬금없는 말에 실망했다. 다만 멀리 동떨어져 앉아있던 청년 Daniel

은 Maria 1에게 마음이 끌리며 관심이 생겼다. 그는 그녀의 독특하고 신선한 꿈 속의 나라 이야기를 기다렸다. 그러나 Daniel의 기다림과는 달리 Maria 1은 다소곳이 미소를 지을 뿐, 더 이상의 말을 하지 않았다. 기운이 빠져버린 사람들이 하나둘씩 자리에서 일어났고 서로 인사를 나누며 헤어졌다.

3.
친구들이여!
죄의 동굴에서 나오라!

다음날, 호숫가 언덕 위에 여러 사람들이 모였다. 대부분의 사람들은 남녀노소를 구별하지 않고, Christ와 Zara를 중심으로 앉아서 기대에 찬 관심을 보이며, 일상생활에 유익한 말을 듣기 위해 마음의 준비를 했다. 그러나 개중에는 Christ와 Zara의 언행에 의심을 품고 주의 깊게 관찰하는 사람들도 있었다.

하늘은 구름 한 점 없이 말끔하고, 땅은 하늘을 다정하게 우러러보며, 호수물결 입술은 살랑살랑 웃음 짓고, 언덕 위의 사람들은 옹기종기 모여서 움이 돋는 새 풀처럼 파릇파릇 푸르름을 띠었다. 그들은 청정한 바람을 온몸으로 받으며 마음의 문을 활짝 열고 Christ와 Zara를 바라보았다.

Maria 1은 한 가지 일에 집중하고자 초롱초롱 빛나는 눈동자를 하고 맨 앞줄에 앉으며 야무지게 말했다.

[Maria 1] 나는 좋은 말을 하나도 빼앗기지 않을 거예요!

Christ는 그녀의 맑고 빛나는 눈길은 물론, 멀리 외따로 앉아 있는 Daniel, 그리고 언덕 위에 모인 모두에게 두루두루 눈길을 맞추면서 말문을 열었다.

[Christ] 친구들이여! 기뻐하고 즐거워하라! 하늘과 땅이 우리의 것이라. 오늘을 자유롭게 순진무구한 어린아이처럼 살라! 흙에서 태어난 우리의 형상은 진리와 사랑이며, 우리의 영육이 존재하는 이유는 진리와 사랑의 선물이라. 진리는 우리가 볼 수 있는 우주 만물 자체이고, 사랑은 우리가 볼 수 없어도 느낄 수 있는 긍휼과 온화의 기운이라. 그러므로 네 자신의 형상을 사랑하라. 그리고 네 이웃을 너의 형상처럼 사랑하라! 이것이 바른 삶을 향한 길이며, 으뜸이라!

Christ 곁에 서 있는 Zara는 사랑하는 친구 Christ의 말을 존중하고 이어받으며 꾸밈없는 자신의 마음을 노래했다.

[Zara] 형제들이여! 땅은 인간의 그루터기입니다. 우리가 이 땅에 사는 동안, 대지에 헌신하고 자신의 덕을 사랑하며 가까운 사람에게 온정을 베풀면…우리의 삶은 포근할 것입니다.

[Christ] 친구들이여! "사람에게 보이려고 그들 앞에서 너희 의를 행하지 않도록 주의하라"(마 6:1). 네 마음의 진정한 의로움은, 자랑하지 않고 소란을 떨지 않으며 권위와 상패를 원하지 않으리라.

[Zara] 형제들이여! 우리의 자랑은…하늘 아래에서 자발적으로 겸허함을 갖추고 의로운 마음가짐으로 범사에 감사하며 노력하는 자세입니다.

[Christ] 친구들이여! 태초에 혼돈과 공허와 흑암 가운데서 빛이 창조되고(창 1:2-3) 사람이 창조되고…사람에게 만물을 다스리게 하였으니…만물의 영장다운 삶을 창조하라!

[Zara] 형제들이여! 대지가 숨쉬는 의의를 자기 삶의 가치로 부여하고 그 안에서 자신을 극복하며 자아를

찾아내고 의지의 힘으로 인생을 창조한다면…우리는 삶의 보람을 느낄 수 있습니다.

[Christ] 친구들이여! 우리는 땅에서 생명의 빛을 얻으리라. 생명의 빛은 우리의 영혼을 영생의 길로 인도하리라. 그런즉 우리가 기회의 땅에 태어났음을 감사하고 찬양하라!

[Zara] 형제들이여! 생명은 기쁨이 솟아오르는 샘물입니다. 대지는 우리가 건강한 생명을 영위하는 운동장이고 신체와 영혼의 행복을 경험하는 정원입니다.

[Christ] 친구들이여! 영혼에 자유를 누리라. 우리 영혼의 자유는 원래부터 주어진 하나님의 사랑이며 무궁무진한 자연의 섭리 안에서 자유롭게 생존하리라. 그러니 세상의 진리 즉, 우주만물에게 기운을 북돋아 주는 하늘의 근거와 흐름을 이해하면 자기의 영혼과 마음은 뜻이 맞고 자유로움을 알리라.

[Zara] 형제들이여! 우리가 천체의 순리 안에 살면서 일상생활을 알맞은 정도에 흡족하다면…우리의 영혼은 자유를 느낄 것입니다.

[Christ] 친구들이여! 영혼이 불편할 때에, 기억하라! 우리 안에 서로 반대되는 두 마음이 있음을 알고, 그 둘

중에 선한 마음의 능력으로 정의와 불의를 구별하라. 누구든지 남의 잘못을 상관하지 말고, 오직 자기 양심의 가책으로 마음을 지도하라. 다른 사람은 그가 지니고 있는 양심의 가책으로 그의 마음을 조정하리라.

만일 누구라도 부지중에 부끄러운 행동을 했을 때에, 어둠에 숨어서 감추거나 정당화하지 말고 지혜로서 몸과 마음을 보살피라. 지혜의 기본은 자기 영혼의 참모습을 아는 것이고 자기 존재를 믿는 것이며 자기 생명을 사랑하고 올바른 생각에 따라서 행동하는 것이라. 사람이 동물과 다른 점은…그릇된 언행을 몸소 바로잡으며 어제의 삶 보다 나은 삶을 추구하고 의무감 있는 진실로 선과 악을 분간하는 것이라.

우리가 정의로운 도리를 따르고 생활에 반영하면…빛이 우리 안에 머물 것이며 그 빛은 사람의 죄와 심판, 죽음으로 말미암은 두려운 구속을 생명의 자유와 소망의 은총으로 대신해 주리라. 누구를 막론하고 두려움의 시작은 이러하니…처음부터 사람의 순결한 마음에 유혹이 들어오고, 의심의 씨앗을 뿌렸으며, 탐욕의 싹이 트고, '죄'라는 이름으로 부끄러움의 열매를 맺었으며, '심판'의 넝쿨로 사람의 영육을 속박했고, 지금까지 사람의 마음에서 주권을 잡고 있음이라.

친구들이여! 죄의 동굴에서 나오라! 심판의 올무에서 빠져나오라!

먼저 자기의 근본을 알고 존경하며 순종하고 믿으라! 순종은 복종이 아니요, 명령도 아니고, 제사도 아니며, 자기의 근본을 사랑함이라. 그러고 나서 함부로 침입한 유혹과 의심과 탐욕을 물리치고, 순결한 마음을 되찾으면…무거운 짐 진 자로 구속된 죄의 종 노릇에서 해방되리라. 그리하면 의심이 믿음으로, 부정이 긍정으로, 미움이 사랑으로, 두려움이 희망으로, 어둠이 빛으로 변하리라. 우리의 근본은 빛이요, 스스로 있음이라!

친구들이여! 참 빛에 마땅한 자유인이 되라!

'자유'에 대하여 말하는 여러 가지 의미 중에 제일은…자유는 빛을 향한 사명감이라! 사명감은 자기가 세상에 태어난 이유를 아는 것이며 자기 삶에 책임을 지는 것이고 부모를 소중히 여기는 마음가짐이라. 혹여 부모의 머리를 업신여기는 교만은 하나님을 모독함이라. 무례함을 자유라고 일컫지 마라…! 자유를 핑계삼아 하나님의 인자하심을 시험하지 말라…! 빛을 향한 예의와 사명감으로 살자! 그러면 사명감은 깨달음을 주고, 깨달음은 지난날의 허물을 사랑으로 덮어줄 것이며, 새로 거듭날 것이라. 누구라도 빛으로 거듭나면 진실로 자기의 참모습을 영접하리라.

[Zara] 형제들이여! 인간이 인간을 복종시키려고 신(神)을 앞장세우며 사후 세계를 빌미삼아 변조시킨 악습을 경계하십시오. 악인들도 인간의 죄, 심판, 죽음의 진실을 알지 못하며 자신의 죽음과 죄, 그리고 심판의 공포에 떨고 있습니다.

형제들이여! 인간이 언제부터 알지도 못하는 조상의 죄에 묶여서 '죄인'이라는 낙인이 찍혔으며…그 '죄목'이 무엇이고…그 '죗값'은 언제, 어디서, 누구에게, 어떤 '심판'을 받아야 합니까? 각 민족의 이념과 사상에 따라서 이 민족의 '선'이 저 민족의 '악'이 되고, 이 민족의 '죄'가 저 민족에게는 영예가 되며, 이 민족의 정의로운 '심판'이 저 민족에게는 불의한

'심판'이 될 수 있습니다. 그러므로 '선', '악', '죄', '심판' 등등 예로부터 전해지며 인간을 죄인으로 단정 짓는 통칭들의 주된 원인을 생각하십시오. 우리가 바른 진실을 알 때에…진리는 '죄인'의 옷을 벗겨 주고 '자유'의 옷을 입혀줄 것입니다.

[Christ] 친구들이여! 악인들의 꾀를 따르지 말며 악인의 길로 다니지 말라(시 1:1, 잠 4:14 참조). 우리가 악인의 길, 즉 어둠의 길로 다니면 실족할 것이요, 빛의 길로 다니면 순탄하리라. 빛은 우리의 마음을 헤아리고 온누리 하늘을 두루두루 비추며 우리가 기쁠 때나 슬플 때나 늘 고색창연하게 펼쳐져 있으리라.

[Zara] 형제들이여! 꾐의 현혹을 조심하십시오. 과도한 욕심과 교만에서 비롯된 꾐은, 허위로 꾸며낸 환각의 족쇄로 몸과 마음을 좌지우지하며 병들게 하고 어둠의 골짜기로 몰아넣을 것입니다. 그랬다 해도… 건강한 신체와 의지의 힘은 빛을 되찾을 수 있으며 영혼을 어지럽히는 뱀같이 교활한 유혹을 이길 수 있습니다.

[Christ] 친구들이여! 우리 마음의 주인은 "새벽 빛같이 어김없나니"(호 6:3) 의롭고, 인자하며, 약속을 어기지

않고, 열심과 긍휼로 우리를 배려하리라. 이와 같이 우리 안에 살고 있는 주인의 마음을 닮으면, 이 땅에서의 날들이 평안하리라.

[Zara] 형제들이여! 우리는 태어날 때부터 지니고 있는 빛의 성품으로 자신의 삶을 주도하는 주인입니다.

[Christ] 친구들이여! 우리의 영혼은 큰 우주의 한 부분이라. 우리는 큰 우주와 관련된 개별적 생명체로서 저마다 동등하고 훌륭한 작은 우주라. 한 사람 한 사람의 작은 우주는 영원하며, 거룩하고, 위대하며, 귀중하고, 아름다움이라. 그런고로 자신의 작은 우주를 사랑하고 믿음과 책임감으로 지키며 순간의 사망을 두려워하지 말라!

친구들이여! 우리 영혼의 작은 우주는 "하늘과 모든 하늘의 하늘과"(신 10:14) 동행하리라. 하늘들은 물론, 하늘 위의 하늘은 소멸되지 않고 시간을 초월하며 운행하리라. 따라서 하늘에 속해 있는 우리는 하늘들의 하늘과 발맞추며 자신의 작은 우주를 운행할 것이니…오고 가는 길에서 빛을 만나고 참 빛은 우리의 영혼을 사망의 두려움에서 자유케 해 주리라. 그런 즉, 자기의 생계를 유지하기 위하여 사람이 사람을 신(神)처럼 숭배하고, 사람이 천지만물을 우상들로 삼아서 제사하는 일은 옳지 않은 일이라. "부어 만든 우상은 거짓 스승이라 만든 자가 이 말하지 못하는 우상을 의지하니 무엇이 유익하겠느냐"(합 2:18).

[Zara] 형제들이여! 우상 숭배자들의 악취를 피하십시오! 그들은 권력을 원하고, 많은 돈을 원하고, 거짓을 말하며, 인간 사회에 소동을 일으키고, 변덕스러운 우상들을 만들어 냈으며, 죽음의 공포를 조성하고, '천국의 입장료'라는 계략을 꾸몄습니다.

형제들이여! 사후의 세계를 오해하지 말고, 살아있는 자신의 운명을 사랑하십시오. 만일에 우리가 죽어서 어느 곳으로 간다고 하면…그때에 우리는 그곳에서 또다시 죽음 후의 삶을 걱정할 것입니다.

[Christ] 친구들이여! 우리가 "북두성을 다른 별들에게로 이끌어 갈 수 있겠느냐"(욥 38:32). 별들은 별들 자체의 작은 우주에서…우리는 우리 본래의 작은 우주에서…스스로 고유성을 유지하고, 빛과 어둠의 균형을 축으로 삼으며, 서로의 둘레를 돌지 않겠느냐? 그리고 지금의 순간이, 시간과 날짜가 적혀 있지

않은 영원으로 이어지지 않겠느냐?

친구들이여! 우리가 꿈꾸는 미래의 찬란한 하늘나라는, 해가 뜨고 지듯이 과거와 현재 그리고 미래에도 우리의 영혼 안에서 영원히 뜨고 지리라!

[Zara] 형제들이여! 강이 굽이굽이 돌아서 다시 그 근원으로 되돌아가듯이…그것이 자연의 원리라면, 우리도 그 원리 안에서 굽이굽이 돌고 돌아 다시 우리의 근원으로 되돌아가지 않겠습니까? 일찍이 내가 태어났듯이, 죽음은 나의 완성이요, 새로 태어남의 희망입니다.

[Christ] 친구들이여! 내가 세상의 진리에 속한 영생의 길을 들려주리니…"들을 귀 있는 자는 들으라"(막 4:9).

Christ와 Zara의 말은 쉼표 없이 사람들을 향하여 울려 퍼지며, 영혼의 문을 두드렸고, 그들의 낯빛을 변화시켰다.

사람들의 눈동자는 어두운 두려움에서 벗어나고 밝은 희망으로 빛을 발했다. Christ는 부드럽지만 강하게 그들을 불렀다.

[Christ] 친구들이여! 진리 안에서 순행하는 자여!
너의 빛을 발하라!

제2부

내 우주여,
어둠을 헤치고 일어나라!

1. Daniel의 소우주 여행기
2. 하나님! 당신은 어디에 계십니까?
   – 어찌하여 악을 모른 체하십니까?
3. 천국이 무엇이길래…

1.
Daniel의
소우주 여행기

 호숫가 언덕 위에 앉은 사람들이 하나 둘 고개를 숙이고 눈을 감았다. 그들은 Christ가 일러주는 여러 가지 메시지를 들을 때에, 인자하고 확고한 사랑과 진실을 느끼며 마음이 움직인 사람들이다. 그들은 나름대로 스스로 빛을 발하고 자기 속으로 침잠하며 자신의 작은 우주를 찾으려고 애를 썼다.
 그들 중에 외따로 앉아서 고개를 푹 숙인 젊은이가 있었다. 그의 이름은 Daniel이고, 소년의 티를 갓 벗었으며 여리지만 굳건한 심성과 청순한 영혼을 지닌 청년이다. 그는 Christ가 알려준 '자신의 작은 우주'에 대하여 깊은 관심을 가지며 마음속으로 다짐했다.

[Daniel]　나는 보리라! 나의 소우주를….

　Daniel은 눈을 꼭 감고 정신을 집중시켰다. 잠깐 동안 긴장감이 온몸에 감돌았지만 곧바로 졸음이 몰려오고 팔다리에 맥이 풀리더니 비몽사몽 상태로 빠져들었다. 그리고 한참 있다가 저 멀리 어렴풋이 작은 동산이 나타났다. 그의 시야에 초점도 맞지 않는 이 별난 광경은 꿈인지 현실인지 구분이 되지 않았는데, 동산의 흐릿한 풍경은 점점 가까이 그의 앞에 펼쳐졌다. 잠시 후…동산의 형태가 초점이 맞춰지고 선명하게 보이면서 그림 동화처럼 환상적 모습으로 변형되었다. Daniel의 자아는 놀랍고 겁이 났으나 자신의 동산을 만난 반가움으로 벅차올랐다. 그는 조심스럽게 한 발 한 발 동산 속으로 들어가고…그 안에서 원초적으로 보이는 자기를 만나며…자신과 일대일로 이야기를 시작했다.

　- 이곳에는 나와 똑같이 생긴 또 다른 내가 살고 있네…그런데 또 다른 나는 왜 벌거벗고 있을까? 창피하지 않은가…?
　- 아니! 나는 부끄럽지 않아! 이곳은 나만의 동산이니까.

　Daniel은 주위를 둘러보았다. 사람이 하나도 없었다.

제2부 내 우주여, 어둠을 헤치고 일어나라!

- 여기는 아무도 없는데…외롭지 않아?

- 아니! 고독하지 않아! 왜냐하면 나는 파란 하늘과 푸르른 초목, 별의별 종류의 새와 꽃, 그리고 맑은 시냇물을 벗 삼아서 유유자적 살거든….

동산은 그다지 크지 않았지만 풍요로웠다. Daniel이 동산을 두루두루 살펴보는 도중에 벌거벗은 자신이 저절로 흡수되며 한 몸이 되었다. 합쳐진 그는 영육 간에 안정감을 느끼고 편안한 자세로 드러누웠다. 동산 한 곁에 서 있는 과실나무가 먹음직한 열매를 매달은 가지를 뻗어 그늘을 만들어 주었다. Daniel은 한 몸에 두 영혼을 담고 나무 그늘 아래에 누워서 아늑한 행복과 자유를 만끽했다. 동산 가운데로 흐르는 시냇물이 새들의 지저귀는 소리와 서로 어우러지며 노래를 불렀다. 그는 그들의 기품을 찬미하며 나지막이 읊조렸다.

- 아름답다! 평안하다!

온화한 바람이 산들산들 춤추며 날아다녔다. 바람결을 따라 나부끼는 꽃잎이 그의 볼을 어루만지며 속삭였다.

- 동산의 주인님! 반가워요!

Daniel은 마음이 흡족해지며 왠지 모르게 보호 본능이 샘솟고 동산의 주인으로서 책임감이 싹트기 시작했다. 그는 자리에서 일어나 동산을 거닐며 마주치는 자연마다 이름을 지어주고 일일이 부르며 인사를 했다. 동산에서 숨쉬는 자연은 그에 의해서 이름이 불리고, 그와 함께 즐거워했다.

- 안녕! 나의 친구들! 만나서 반가워!

따뜻한 햇빛이 동산을 두루두루 비추었다. 잠들어 있던 생물들, 나무들과 꽃, 새들도 기지개를 켜며 햇살을 향해 얼굴을 들고 손을 흔들었다. Daniel은 무한한 충만감에 휩싸이며 짐작했다.

- 이곳은…낙원인가…?
- 맞아! 이곳은 고통이나 슬픔, 걱정이 없는 안락한 나 홀로 낙원이야.
- 그렇다면…이 동산의 주인은 나 혼자인가…?
- 아무렴!

- 사람들은 모두 자기의 동산을 가지고 있어?

- 물론!

- 혹시…어떤 사람은 내 동산보다 더 크고, 더 화려하고, 더 풍요롭고, 매우 훌륭한…그런 동산을 가지고 있어?

- 그럴 수도 있고 아닐 수도 있어. 사람들은 자신의 소유물에 대한 관념과 가치의 기준, 그리고 느끼는 만족도가 다르기 때문에….

- 그래도…나는 어떤 사람의 동산과 내 동산이 얼마만큼 차이가 있는지 보고 싶어! 그런데…모모의 동산이 내가 보기에 최상의 조건이라서 부럽고 질투가 생기고…내 동산이 초라해 보이면…나는 어떻게 하지?

- 내가 이웃 동산을 탐한다면…내 마음은 욕심과 불만에 휩싸여 좌절하고 괴로우며 반항이 생기고 기분이 언짢고 어두워지겠지? 그렇게 내 맘속에 어둠의 공간이 빛의 공간 보다 팽창한다면…빛과 어둠의 적당한 비율에 의하여 성장하고 변화되는 동산의 생물들은, 부피가 커진 어둠의 압박 때문에 혼수상태에 빠질 거야. 그러니까 모모의 동산을 탐하기 전에 내 동산을 소중히 여기고 자족하며 알맞은 빛과 관심과 정성으로 보살펴야 해.

- 그렇다면…내가 원하는 대로 다스리고 감독한다면…내 동

산도 어떤 이의 동산보다 더 커지고, 내가 만족할 수 있는 최상의 조건을 갖출 수 있어?

 - 아니! 다스리지 말고, 사랑을 해야 해!

 - 다스리는 것과 사랑하는 것이 무엇이 다른데?

 - 다스리는 것은 통제와 복종을 위한 어둠의 구속이고, 사랑하는 것은 동산 모두의 본질을 귀하게 존중하는 빛의 마음이야.

 - 하지만…동산의 생물들이 내 말을 듣지 않으면?

 - 참아야지…그들을 이해하고 배려해야 해!

 - 만일 내가 무조건 참으면…동산을 이해하기 전에 분통이 터져서 동산을 미워할 것 같아….

 - 내가 분을 참지 못해서 성을 내고 그들을 미워하면…나의 동산은 괴로움을 견디지 못하고 어둠 속으로 추락할 거야.

 - 내 동산이 어둠 속으로 떨어진다면…나는 이 세상에서 사라지는 걸까?

 - 글쎄….

 - 어쩌면…어둠 속에도 별세상이 있지 않을까…?

 - 아마도….

 - 어두운 별세상은 어떤 곳일까…?

Daniel은 불현듯 솟구치는 걷잡을 수 없는 궁금증을 억제할 수 없었다. 더더욱 감당할 수 없는 일은, 충동적 열망과 질투를 막을 자신이 없고…동산의 만물을 마음대로 할 수 없다는 못마땅한 기분과 억압감이 휘몰아치며…어두운 세상을 알고 싶은 욕망이 고개를 쳐들었다. 더 자세히 말하면, 그도 남의 축에 빠지지 않을 정도의 번듯한 동산을 갖기를 원하며 남에게 선망의 대상이 되고 싶었다. 게다가 그 이상으로 심각한 일은, 통제를 위한 명령을 존중의 사랑으로 대처하는 방법을 알지 못하고…화를 참아야 할 이유를 알 수 없었다. 그래서 어둠의 세상을 보고, 그곳이 정말로 나쁜 곳인지 확인하고 싶었다. 어쩌면 과도한 훈계를 순종해야 하는 까다로운 빛의 세상보다, 자유가 만만하여 제멋대로 굴 수 있는 세상일 수도 있다는 생각이 앞섰다. 가끔 그는 환한 낮보다 어둑한 밤에 더 편안한 느낌을 갖기 때문이다.

곧 이어서, Daniel은 어둠 속에서 돋보이는 미지의 세계에 대하여 희한한 쾌감에 사로잡히며 중얼거렸다.

- 어둠의 세상에서는 나의 권위가 우선이 아닐까…? 내가 동산의 생물들 눈치를 볼 필요도 없이 내 마음대로 그들을 통치하고, 그들은 나에게 복종하지 않을까…? 그러면 내 마음은 만

족할 것이고, 내가 동산의 주인으로서 행복하면 그곳이 천국이 아닐까…?

 - 그렇게 되면, 나는 더 많은 것을 소유하길 원하고…갈수록 강하게 지배하고 싶은 권세욕이 앞을 가릴 것이며…이기적인 오만에 빠질 것이고…어떤 것도 마음에 차지 않을 거야. 결국에 나의 동산은 불만으로 가득 찬 지옥으로 변해 버릴 거야.

 - 그것은 모를 일이야! 왜 미리 걱정해…? 행여 내가 욕구 불만으로 치를 떨지라도…나는 내 동산의 주인이야! 지옥이 아니라고! 도대체 누가? 무엇을 위하여? 천국과 지옥을 갈라놓고 그렇게 부담스러운 규례를 만들었어?

 - 하늘은 평화의 질서로 운행하고 있어. 그러나 내 마음은 하늘을 천국과 지옥으로 나누고, 세상에 일반화된 관념들 중에서 내 마음에 드는 이념을 택하며 살아가지. 내가 천국과 지옥을 분간하고 단정 지을 수 있는 수많은 이유, 상황, 언어, 표현, 뜻…그것은 매 순간 내 마음을 조정하지만, 나 자신은 하늘의 공중 질서를 벗어날 수 없는 거야. 그래서 나는 내 동산의 천국과 지옥, 간단히 말하면 밝고 아름다운 곳과 어둡고 추한 곳을 왕래하고 체험하며…다른 별들과 발맞추며 살아가는 거야.

Daniel은 자신의 침착하고 겸허한 태도가 갸륵했지만 노엽기도 했다. 그는 두손으로 턱을 만지작거리고 서성이며 고민에 빠졌다. 번민은 그를 귀찮게 만들었고 싫증을 유발했으며 누구에게 자기의 걱정과 불평을 떠맡기고 싶게 했다. 그는 반발심으로 하늘을 뚫어지게 쏘아보았다. 그러나 하늘은 뚫어지지 않았고 오히려 깜깜해지며 두 쪽으로 갈라졌고 동시에 동산이 빙빙 돌면서 추락하기 시작했다. 그는 어지럽고 무서워서 동산의 과실나무 가지에 매달렸다. 무자비하게 추락하던 동산은 진흙 구덩이로 곤두박질했다.

그의 동산은 빛을 잃고 바람이 빠지면서 아주 더 작게 오그라들었고 시냇물이 말라버리고 꽃잎은 멍이 들고 새들이 날갯짓을 멈추고…그의 몸은 누더기 옷을 걸치고 있었다.

Daniel은 고통스러웠다. 몸이 불편하고 머리도 아팠으며 기분이 나빴다. 무엇보다도 초라한 동산과 남루한 자신의 모습을 누가 볼까 봐서 초조했다.

- 여기는 어디야?

- 지옥! 내 동산은 지옥으로 변해 버렸어.

- 왜? 자꾸만 지옥이라고 말하는 거야? 지옥은…살아있는 동안 지은 죄의 심판으로 벌을 받는 곳이야…! 왜? 내가 무슨

죄를 지었어?

- 아니! 나는 지금의 내 세상에 만족할 수 없기 때문에…탐욕과 교만 그리고 어둠 속 세상에 대한 유혹을 품고 어둠 속으로 추항했어. 그러니까 내 동산은 내 마음이 갈망하는 곳을 보여주기 위해서 어둠의 별세상으로 변했지.

- 나는 어둠 속 세상을 알고 싶을 뿐이야. 지옥이 아니라고!

- 어둠이 지옥이야!

- 엉뚱한 말을 하지 마! 어쨌든 나는 고통스러운 이곳에서 나가고 싶어!

- 이곳은 나 자신이야. 나는 오직 하나의 동산을 갖고 있어. 이미 말했듯이, 내가 만일 동산에서 긍정과 만족으로 밝은 생각을 하면 거기는 천국이고…부정과 불만으로 어두운 생각에 빠지면 거기는 지옥일 거야!

- 이해할 수 없어! 천국이나 지옥은 서로 다른 곳 아니야?

- 아니! 나는 지금 살아있으나 지옥을 방문했지. 내가 죽은 후에 가는 곳은 알 수 없어. 그러니까 고통스러운 이곳이 싫으면 어둠의 유혹에 지지 말고 빛의 정의로 이겨 내야 해!

Daniel은 웅크리고 앉아서 골똘히 생각했다. 그러고 나서 마음을 굳게 잡으며 벌떡 일어섰다. 지금 시급한 것은, 진흙 구덩이에 빠진 동산을 탈출시키는 일이다. 그는 동산 한가운데에 거꾸로 서며, 바람이 빠져서 오그라든 동산을 어깨에 매고 다시 바로 서고, 하늘을 향해 달리기 시작했다. 하늘은 그가 거꾸로 서나 바로 서나 마찬가지로 둥글었지만, Daniel은 있는 힘을 다하여 달리며 외쳤다.

- 나의 동산아! 깨어라! 어둠을 헤치고 일어나라! 나, 너희를 사랑한다!

동산은 추락했던 곳을 향하여 천천히 돌기 시작했다. Daniel은 공중 안에서 전력투구하며 달음질치고 동산은 빛줄기를 중심으로 점점 빠른 속도로 빙빙 돌았다. 그러는 동안에 하늘이 조금씩 온화하게 변하며 동산은 빛을 되찾고 산들바람이 스며들며 본래의 크기로 돌아왔고 그는 두 다리를 쭉 뻗으며 과실나무 가지에서 내렸다.

이전의 상태로 회복된 동산에는 말랐던 시냇물이 다시 노래를 부르고, 검게 멍들었던 꽃잎이 푸르름으로 물들며, 날갯짓을 멈췄던 새들이 사뿐사뿐 춤을 추고, Daniel은 누더기 옷을 벗어 던지며, 알몸으로 동산의 생물들과 반갑게 인사를 나누었다. 그는 남들이 볼까 봐서 초조하지 않았고, 벌거벗은 자신이 부끄럽지 않았다.

동산의 가족들이 해맑게 웃으며 이구동성으로 노래했다.

- 나의 주인님! 천국에 오신 것을 환영합니다!

2.
하나님, 당신은 어디에 계십니까?
- 어찌하여 악을 모른 체하십니까?

언덕 위에 모여 앉은 사람들은 자신의 우주를 보기 위해 나름대로 노력을 기울이고…한참 후에 저마다 다른 얼굴 표정을 지으며 눈을 떴다. 그리고 그들은 서로를 쳐다보며 웅성거렸다.

[사람1] 나는 눈을 감았더니 졸음이 오고 그냥 잠이 들었어….

[사람2] 나는 억지로 졸음을 참았는데…내 우주는커녕 아무것도 보이지 않았어.

[사람3] 나는 어렴풋이 무언가를 보았는데…그것이 무엇인지 알 수 없었지.

[사람 4] 나는 깜빡 잠을 자며 꿈을 꾸었어. 그런데 무슨 꿈인지 기억이 나지 않아.

[사람 5] 나는 잠인지 꿈인지 모르겠지만, 내가 우리집 앞 동산에 앉아있는 모습을 보았어.

[사람 6] 나는 눈을 감은 상태로 공상에 빠졌는데…커다란 하늘에서 행성들이 빙빙 도는 것을 보았지.

[사람 1] 도대체 무엇을 보라는 건지…여러분! 혹시 자신의 우주를 본 사람이 있습니까?

사람들은 고개를 갸우뚱거리며 머뭇거렸다. 우물쭈물하는 사람들 가운데에 Maria 1이 일어섰고 신념이 가득한 목소리로 말했다.

[Maria 1] 나는 하늘에서 선명하게 빛나는 무지개를 보았어요! 내가 방문한 동산은 파란 하늘을 우러러보았고 아름다운 꽃과 새들이 춤추며 기쁨을 노래하고 있었어요. 아마도 그곳이 나의 작은 우주 같아요!

저 멀리 앉아있는 Daniel은 그녀의 말에 동조하며 고개를 끄덕였다.

[Juda] 나는 어둠에 둘러싸인 은밀한 동산을 보았지. 그곳은 어둑어둑해서 나의 비밀을 감출 수 있기 때문에, 편안하고 만족스러웠어.

[Maria 2] 나는 작은 동산이 아니라 아주 커다란 세상을 보았지. 그곳은 암흑천지에서 피어나는 붉은 장미처럼 신기한 세상이야. 거기에는 온통 시뻘건 불길이 작열하고, 갑갑한 질서를 깨뜨리는 혼란의 매력이 흐르며, 자기 맘대로 떠도는 죽은 넋들이 열렬하게 저돌적으로 난무했지. 나 역시 그들을 따라서 암흑 세계에 내 영혼을 바치고 명령에 복종하며 혼신의 힘으로 소리지르고 춤을 추며 주문을 외웠어. 그랬더니 타오르는 불꽃은 나에게 거부할 수 없는 자극을 하사했지. 그 순간, 나의 온몸은 꽤 즐거운 광란에 빠지고 미칠 듯이 격렬한 쾌락의 극치를 맛보며 넘치는 황홀감의 절정을 얻었어. 이렇게 나는 암흑 세계가 주는 선물에 대하여 엄청나게 만족했지. 그러니까 그곳은…내 몸과 넋이 원하는 관능을 충족시킬 수 있는 세상…이상야릇하고 감각적인 촉감을 무진장 즐길 수 있는 세상…검은 우주에서 불꽃이 들끓는 세상…거기

가 바로 나의 핏빛 동산이야!

어떤 사람은 Maria 2의 말에 끼어들며 박수를 쳤고, 어떤 사람은 뱀을 보듯이 얼굴을 찡그리며 그녀를 쳐다보았다.
신중하게 모두의 이야기를 듣고 있던 Christ가 얼굴에 잔잔한 미소를 머금으며 일어섰다.

[Christ] 친구들이여! 자신의 우주를 보았거나, 만일에 보지 못했을지라도, 자신의 존재 자체가 자기의 우주라. 우리는 무한대 우주에 속한 지구 행성에서 살고 있는 작은 우주들이라. 우리가 매일 태양을 보고 달을 볼 수 있음은, 내 작은 우주가 커다란 우주와 함께 있음을 알려주는 것이라.

[사람1] 알아듣게 말해주십시오!

[Christ] 우리의 몸은 태어나면서부터 자연과 더불어 성장하고 변화함이라. 우리가 날마다 구경하는 태양이 아침에 동쪽에서 솟아오르고 저녁이면 서쪽으로 내려가는 현상도 자연적인 현상이라. 태양, 달, 별들은 하늘의 한 부분이고 하늘의 원리 안에서 움직이며…우리가 살고 있는 지구도 하늘의 원리, 다

시 말하면 자연의 움직임 안에서 변화하고…우리는 지구와 동행하는 작은 우주들이라.

[사람2] 별들은 수없이 많아서 태양이나 달처럼 뚜렷하게 볼 수 없는데, 우리 눈에 선명하게 보이지 않는 별들도 우주에 속합니까?

[Christ] 친구여! 지금 땅을 밟고 있는 그대의 몸이 자신의 우주인 것처럼, 우리 눈에 보이지 않는 작은 별들도 하늘에 있음으로 큰 우주의 한 부분이며 작은 별 하나하나가 각각의 우주라.

[사람4] 어떨 때에, 내가 눈을 감으면 무엇이 보이는 것과 잠을 잘 때에 꿈을 꾸는 것도 내 우주 안에서 일어나는 일인가요?

[Christ] 친구여! 우리의 몸은 두 가지 양상을 가지고 있으니…그 하나는 눈에 보이는 의식이요, 다른 하나는 눈에 보이지 않는 무의식이라. 의식은 우리의 몸이 깨어 있는 중에 보고 느끼고 감당하는 일이요, 무의식은 우리의 몸이 수면 중에 보고 느끼고 감당하는 일이라. 그리고 이 모두를 지배하는 것은 자기의 영혼이라.

우리가 눈을 감았을 때에 무엇이 보이는 현상은 자

신의 영육이 희망하는 일, 즐거움, 또는 벗어나고 싶은 고통, 두려움 등등 무언가를 절실히 바라거나 피하고 싶은 여러 가지 상황이 무의식 중에 보이는 현상이라. 현실과 비슷하거나 전혀 다른 광경이 보이는 것을 환영 또는 꿈이라고 말하며…환영과 꿈은 몸을 대신하여 말하고 보여주는 영혼의 움직임이고…서로 다른 양상을 보여 주리니…세상의 쾌락과 하늘의 환희라. 만일에 그대의 몸이 세상의 욕망과 쾌락을 원할지라도, 그대의 영혼은 하늘의 소망과 기쁨을 원할 때에…몸의 탈선 즉, 몸이 악으로 향하는 길을 막기 위하여 무의식 중에 환영이나 꿈을 통하여 선한 길을 보여주는 것이라. 또한 그대의 영혼은 환영이나 꿈으로 자신의 두 마음을 만나고 두 마음은 서로에게 거울이 되어 옳고 그름을 분별하리라. 그러므로 환영과 꿈도 그대 자신이며 그대 우주의 일부분이라.

[사람 3] 그렇다면…내 몸이 죽으면…내 우주도 사라집니까?

[Christ] 친구여! 하늘이 영원히 펼쳐져 있는 한…그대의 몸이 살아있거나 죽을지라도 그대의 영혼은 하늘 안에서 자신의 소우주와 함께 있으리라.

모두가 동시에 하늘을 쳐다보았다. 그들은 하나같이 하늘이 영원하기를 바라고, 자신의 영혼도 하늘과 함께 영원무궁하기를 고대하며…연이어 알고 싶은 문제에 대하여 질문했다.

[사람6] 사람도 우주에 속한다면, 우리의 작은 우주와 지구, 해, 달, 별들이 속해 있는 큰 우주는 누가 주관합니까?

[Christ] 친구여! 우주만물은 태초에 창조주에 의해서 지음을 받았으며 창조주는 하나님이고, 크고 작은 모든 창조물을 주관하시는 분도 하나님이시라.

[사람1] 그러면 하나님이 사람의 고난도 주관하십니까? 그렇다면…왜 하나님은 착한 사람의 고통을 모른 체 하십니까?

[일부사람들] 맞아요! 하나님은 나쁜 사람을 더 도와줍니다! 그래서 나쁜 사람들은 만사가 형통하여 잘 먹고 잘 살지요. 이것이 하나님이 원하시는 것입니까? 그것이 아니라면 무슨 까닭으로 하나님은 나쁜 사람을 그냥 내버려 둡니까?

[Christ] 친구들이여! 먼저 착한 사람과 나쁜 사람에 대하여 말하면…우리가 평생을 살면서 처음부터 끝까

지 100% 선인이 드물고, 100% 악인도 흔치 않으리라. 우리는 세상을 보고 느끼고 체험하면서 어느 한때는 착한 사람이 될 수도 있고, 어느 한때는 나쁜 사람이 될 수도 있으리니…어제의 선인이 오늘의 악인이 될 수도 있고, 어제의 악인이 오늘의 선인이 될 수도 있으리라.

이미 말했듯이, 우리의 몸이 발달하면서 마음도 성숙해지리니…마음의 성숙은 자기 안에 실존하는 빛과 어둠을 구별할 줄 아는 슬기로운 마음가짐이라. 그러므로 이 땅에서의 삶은, 사람이 지혜와 깨달음을 터득하는 배움터라. 이를테면, 우리는 순간순간마다 변화하는 삶의 현장에서 자유자재로 자기의 길을 택하고 그 결과로 빛과 어둠이 나누어지리니…이로 인하여 선과 악을 판단하며 옳고 그름을 인식하고 새롭게 거듭나리라.

친구들이여! 그대들이 겪는 고난의 원인은 무엇인가? 살아가면서 인생이 자기 마음대로 흘러가지 않는 것인가? 혹여 그대가 원하는 그 무엇이 분수에 넘치는 탐욕은 아닌가? 아니면 그대의 삶의 목표가 오직 풍부한 재물을 소유하는 것인가? 그래서 가난을 착한 사람의 고난이라고 여기는가? 반면에 그대들이 생각하는 행복의 원인은 무엇인가? 부유할지라도 흡족하지 않기 때문에 불행을 느낄 수 있고, 가난할지라도 어느 순간 삶의 기쁨과 행복을 느낄 수 있지 않은가?

친구들이여! 하나님이 인간을 창조하실 때에, 인간에게 고난을 주신 것이 아니라…선과 악을 구별할 수 있는 능력을 주셨으며…빛과 어둠을 분간할 수 있는 분별력을 주셨으나…선택은 각자의 마음이라. 자기가 택한 마음가짐으로 행복할 수 있고 또 불행할 수 있으니…그 결과는 자신의 몫이라.

빛에 속한 선은 사랑과 긍정과 믿음이고, 어둠에 속한 악은 미움과 부정과 불신이라. 이 둘은 우리 마음 안에 늘 함께 살면서 삶의 문제가 생길 때마다, 동시에 결정을 요구하며 균형과 불균형의 변동을 이루리라. 또한 빛은 우리의 영혼을 밝히며 움직이는 힘이고, 어둠은 우리가 빛의 길을 찾도록 징검다리 역할을 할 뿐, 부귀영화를 결정하는 수단이 아님을 알라! 세상의 재산과 명예는 잠깐이며 몸이 죽은 후에는 사라지지만 영혼의 환희는 사나 죽으나 그대

안에서 영원하리라.

친구들이여! 빛에 속한 사랑의 길로 향하는 것도, 어둠에 속한 미움의 길로 향하는 것도, 자유 의지이며 인생 수업이리라. 그러나 우리 인간은 태어날 때부터 자신의 의지로 자신의 삶을 개척하는 힘을 지니고 있음을 알라! 그 힘은 어둠의 유혹을 이겨내고 영혼을 자유롭게 할 것이요, 믿음의 기쁨으로 스스로 피어나리라. 이것이 진리요, 우리가 이 세상에 태어난 이유라!

[Zara] 형제들이여! 우리가 지니고 있는 의지의 힘으로 인생의 고행을 극복하고 싶지는 않은가…?

[Christ] 친구들이여! 하나님은 이미 우리에게 삶의 어려움을 감당하고 스스로 성취할 수 있는 본성을 주셨으나, 우리가 뚜렷하게 알 수 없는 까닭은…하나님은 "언어도 없고 말씀도 없으며 들리는 소리도 없으나 그의 소리가 온 땅에 통하고 그의 말씀이 세상 끝까지 이르도다 하나님이 해를 위하여 하늘에 장막을 베푸셨도다"(시 19:3-4).

친구들이여! 그대가 하늘 안에 해가 있는 것을 알듯이, 자신을 알고 하나님을 알라! 그리하면 그대의 삶이 평강하리라!

아우성치던 사람들이 입을 다물고 일제히 Christ를 쳐다보았고, Andy가 뛰어나와서 Christ의 손을 잡고 간곡한 어조를 띠며 물어보았다.

[Andy]　하나님이 우리를 평안하게 한다면…우리를 고생시키고 시험하는 것은 누구입니까?

모두가 Andy의 물음에 그렇다고 생각하며 고개를 끄덕였다. 잠시 후, 처음부터 한결같이 모두와 함께 생각을 나누고 있는 Zara가 영혼의 친구인 Christ의 말을 존중하며 인간 세상의 어둠에 대하여 말을 이어 나갔다.

[Zara]　인간의 마음을 시험하는 그 누군가란, 어둠 세력의 지시를 따르는 타락한 영혼들을 일컬으며…악하고 이기적인 마음가짐과 지나친 탐욕으로 자기도 모르는 사이에 어둠에 연루된 사람들이지요. 누구라도 그 기세에 포섭되면, 영혼은 흑암에 흡수되고…생각은 악의 명령을 따르며…마음은 교묘한 수법

으로 악을 정당화하고…혀는 빛의 근본을 방해하는 조작적 개념을 퍼뜨립니다. 어이없는 일은, 이런 행동을 하면서 혼돈의 매력을 느끼지요. 이렇게 어둠의 세력은 인간의 마음을 시험에 빠지게 하고 심리적 욕구를 채워준 것처럼 홀리고 조종합니다.

형제들이여! 어둠 세력은 빛의 섭리와 마찬가지로 인간의 눈에 보이지 않지만, 인간의 마음 안에 살고 있지요. 그렇기 때문에 내 마음이 창조의 힘 곧, 우주만물을 소생케 하는 빛의 권능을 반대하고 도전하며 질투하고 진실을 왜곡하는 쪽으로 치우친다면…나는 악에 물들고 있는 것입니다. 구체적으로 말하면, 악은 인간의 존엄성을 부정하고…거리낌 없이 거짓을 꾸며내며…인간의 본능적 갈망을 충동하고…욕망에 이기심을 촉발시키지요. 그뿐 아니라 악은 어둠의 권력을 팽창시키려고 끊임없이 인간에게 나쁜 생각을 자극하고 선동하며…악행을 미화시키고…인간의 부끄러운 행위를 자유, 성공의 길, 또는 승리감으로 변질시킵니다. 더 자세히 말하면, 개인적 이익을 도모하기 위해서 온갖 수단과 방법을 가리지 않는 악독한 행위를 정의로움이라고 해석하지요.

어둠 세력의 궁극적 목표는, 인간의 영혼을 혼탁하게 하고 수거하여 어둠의 영역을 빛의 영역보다 넓히는 것입니다. 어둠은 환각의 공간을 만들고 인간의 정신이 갈팡질팡할 때에 허상을 유발시키며 인간 의지를 무기력하게 하고 굴복시키며 노예로 만듭니다. 이와 같은 그들의 수단 중에 미혹은 내 마음속에, 이웃과 함께, 친구의 마음속에 있고…우리의 영혼을 빼앗기 위하여 호시탐탐 기회를 엿보고 있으며…우리가 하늘을 원망할 때에 통쾌하여 날뛸 것이고…우리 마음에 욕망의 함정을 파며…자기 만족이라는 어둠 세력의 덫을 놓을 것입니다.

이외에 그럴듯한 속임수로 인간의 본능 심리를 쥐고 흔들지라도…어둠 세력이 넘어설 수 없는 한계는…천지 창조의 진리와 인간의 유래와 우주 만물의 본성인 사랑의 형상입니다.

[사람1]   실제로…그들이 어떻게 나를 어둠으로 끌어들입니까?

[Zara]   예를 들면, 누구라도 세상을 탓하고 불평불만을 토할 때에…원하는 것을 지나치게 바라고 이웃의 소

유물을 탐할 때에 등등의 상황은 그들을 부르는 신호이지요. 그때에 우리의 정신은 그들을 만나고 그들은 우리를 어둠의 세력으로 포섭할 것입니다.

[사람 3]   그렇다면 내가 그들을 피하면 되지 않습니까?

[Zara]   그런 방법도 있겠지요. 그러나 우리에게 주어진 난처한 문제는 우리가 하나님을 볼 수 없고 하나님의 섭리를 헤아릴 수 없듯이…어둠의 주권자도 볼 수 없으며 세상에 파견된 어둠의 메신저를 구별할 수 없고 그들 자신 또한 자신이 어둠의 메신저인지를 모른다는 것입니다. 단지 우리가 구별할 수 있는 것은…나의 선한 마음이 어떤 꾀임에 불편함을 느낀다면, 나는 어둠의 세력을 원치 않는다는 것이지요.

그럼에도 불구하고 내가 하늘을 원망하고 자기 편리만을 주장할 때에, 또다시 나는 마음속에서 어둠의 메신저를 만나게 되며…그들은 나의 불평, 불만, 욕심을 빌미로 삼을 것이고…해결책으로 다른 사람의 인격과 소유를 짓밟고 일어서도 된다는 긍정심을 실어줄 것입니다. 만일에 내가 그 꾀임에 정신이 홀리면…그들은 신(神)인 양 눈가림으로 재주를 부리고 내 마음을 꿰뚫어 보며 마술을 부리지요. 그러면 나는 그들이 인생의 고행을 처리해 주었다고 착각하며 잠깐 동안 마음에 위안을 받는 것처럼 느낄 수 있지만…그 순간부터 내 영혼도 어둠의 메신저 대열에 합류한 것입니다.

[사람 5]   그들이 어둠이라도, 나의 고통을 덜어준다면…왜 나쁩니까?

[Zara]   형제들이여! 어둠의 세력은 인간에게 위장된 찰나의 만족감을 일으킬 뿐, 삶의 고난을 해결한 것은 아닙니다!

사람들은 고민에 휩싸였다. Zara의 말을 이해한 사람들은 왠지 완전한 흡족감을 느끼지 못했고, Zara의 말을 이해하지 못한 사람들은 오히려 누구든지 상관없이 자신의 환난을 없애 주기를 바랐다. 그들의 마음을 재빨리 눈치챈 Maria 2가 고함을 질렀다.

[Maria 2]   불쌍한 인간이여! 어둠을 봉양하라! 어둠은 인간을 신비롭고 황홀하며 쾌락이 난무하는 핏빛 천국으로 인도하리라!

[Maria 1] 아니요! 천국은 하나님의 나라이고 밝고 아름다운 곳이에요. 검붉은 피로 물들은 곳이 아니에요!

[Juda] 당신은 살면서 어려움을 당한 적이 있었소? 만일에 있다면 그 곤경을 누가 해결해 주었소?

[Maria 1] ….

[Maria 2] 하하하…철부지 소녀여! 삶의 고충도 모르면서 천국을 마음대로 꾸며내지 마시오!

일순간에 일부 사람들은 감정적으로 치닫기 시작했다. 그들은 얼굴색이 붉어지고 주먹을 불끈 쥐며 침을 튀기고 소리를 지르며 남의 말을 듣지 않았고, 자기 말만 우겨 대며 난리를 부렸다. 혼잡한 소란 속에서 Peter가 팔을 번쩍 들고 외쳤다.

[Peter] 빛과 어둠 중에 누가 우리에게 물고기를 보내줍니까? 나는 나에게 풍요로움을 주는 신(神)을 믿겠소!

[Christ] 친구여! 물고기는 태초부터 인간을 위하여 있었느니라. "하나님이 큰 바다 짐승들과 물에서 번성하여 움직이는 모든 생물을 그 종류대로, 날개 있는 모든 새를 그 종류대로 창조하시니 하나님이 보시기에 좋았더라"(창 1:21).

그러므로 친구여! 물고기는 물론 사람들이 대대손손 배불리 먹을 수 있는 먹거리는 태초에 하나님이 창조하셨느니라.

[일부 사람들] 도대체 하나님은 어디에 계십니까?

[Christ] 친구들이여! 그대들은 공기를 본 적이 있는가? 그대들은 공기에게 어디에 있냐고 물은 적이 있는가? 그대들은 공기가 없어도 숨을 쉴 수 있는가…? 그대들은 태양에게 왜 빛을 발하고 있냐고 물은 적이 있는가? 그대들은 태양의 빛이 없어도 살 수 있는가…?

친구들이여! 그대들은 자신의 사랑을 인정하는가? 그렇다면 그대들은 사랑을 본 적이 있는가…? 그대가 보이지 않는 자신의 사랑을 마음으로 느끼며 인정하듯이, 보이지 않는 하나님은 그대의 사랑과도 같음이라. 하나님은 그대의 사랑하는 마음 안에 살고 계시니라. 그대가 하나님을 믿지 못한다면, 자신의 사랑을 믿으라. 자신의 사랑이 곧 하나님의 성품이라!

[Andy] 하나님은 누구입니까?

[Christ] 친구들이여! 하나님은 스스로 계시며, 인간을 포

함한 우주만물의 근원이요, 시작이요, 영원한 빛이라.

하나님은 오래 참고 기다리시는 분이시라. 선한 사람이 악의 골짜기에 빠지지 않기를, 악한 사람이 선의 진리로 돌이키기를, 사랑으로 기다리시는 분이라.

친구들이여! 우리가 지구의 삶을 끝내고 하늘 나라로 갈 때에, 우리의 영혼은 하나님을 만날 것이며… 그때에 우리는 다시 한번 빛과 어둠 중에서 선택의 자유를 맞이하리라.

친구들이여! 기억하라! 우리의 형상은 하나님을 닮았으며 하나님의 형상은 사랑이라. 사랑은 눈에 보이지 않아도 늘 우리 마음을 지켜주는 빛이라.

친구들이여! 내가 세상의 진리에 속한 영생의 길을 들려주리니…"들을 귀 있는 자는 들으라"(막 4:9).

3.
천국이
무엇이길래…

 술렁거리던 사람들은 가만히 앉아서 곰곰이 생각에 잠겼다. 따뜻한 햇빛이 그들의 머리 위에 내리고, 어미 새가 알을 품듯이 한 사람 한 사람을 품으며, 마음의 긴장을 풀어주었다. 편안한 기운이 흐르는 가운데 Peter가 손을 들고 떨리는 목소리로 띄엄띄엄 질문을 던졌다.

[Peter] 영생의 길이 정말로 있습니까…? 사람은 누구나 어김없이 죽는데…영생의 길이라면, 내가 죽은 후에 또 태어납니까…? 정녕 그렇다면 어디에서 다시 태어납니까…? 혹시 하나님의 나라 또는 천국입

니까…? 하나님 나라와 천국은 서로 다른 곳입니까…?

앉아있는 사람들 모두가 Peter의 질문을 은연 중에 동조하며 마음을 졸이고 Christ를 쳐다보았다.

[Christ] 친구들이여! 그대들이 이와 같은 질문을 가진 것은, 거듭남의 시작이라. 거듭남은 우리가 땅에 살아있을 때에는 지난 날의 잘못을 뉘우치고 몸과 마음이 새롭게 변화하는 것을 말하며, 우리의 몸이 죽은 후에는 영혼이 다시 태어나는 것을 말함이라. 그리고 하나님 나라와 천국은 같은 의미일 수도 있고 전혀 다른 의미일 수도 있으니…누구나 자신의 마음이 원하는 뜻대로 해석하리라. 이유인즉슨, "하나님의 나라는 볼 수 있게 임하는 것이 아니요 또 여기 있다 저기 있다고도 못하리니 하나님의 나라는 너희 안에 있느니라"(눅 17:20-21).
하나님 나라와 천국은 지정된 장소가 아니요, 명백한 의미도 아님이라. 인간은 모두가 독보적 존재이며 자기만의 개성적 견해가 있으므로 하나님의 나

라와 천국의 개념 또한 똑같지 않으리라.

사람들은 Christ의 말뜻을 잘 이해하지 못했고, 그 뜻을 알지 못하므로 말대꾸조차 할 수 없었으며, 그저 물끄러미 허공만 바라보았다. 조금 후에 Andy가 정적을 깨뜨리며 조심스럽게 물었다.

[Andy] 하나님의 나라는 하나님이 계시는 곳이고…천국은 착한 사람들이 죽어서 가는 곳인가요…?

[Christ] 친구여! 그대는 하나님의 나라를 믿는가? 그리고 천국을 믿는가…? 그대의 질문은 우리 모두가 간절히 소망하는 바로 그곳이 아닌가…? 우리는 개인 간의 차이는 있지만, 피할 수 없는 죽음 때문에 좌절하고 초자연적인 힘을 지닌 절대자를 찾게 되며 그에게 의지하고 숭배하며 서로 다른 신앙적인 표현을 하지 않는가…? 따라서 전지전능한 자의 이름 또한 다양하며, 간곡히 바라는 평안한 세상도 어떤 이는 '하나님의 나라' 어떤 이는 '천국' 이라고 말하니…같은 소망일지라도 그 표현이 다르기 때문이라. 신앙이나 숭배 의식은 사람의 불안하고 외

로운 마음에서 시작되었으니…불안과 외로움은 자기의 기원만이 위로할 수 있으리라. 자기의 기원은 곧 부모이고 조상이며 태초의 창조주라.

[Andy] 하지만…학문을 배우지 못하고 평생 동안 자식을 위해서 고생하신 우리 어머니는 조상은 알아도 태초의 창조주는 모릅니다. 다만 자신이 죽으면 편히 쉴 수 있는 곳으로 가기를 원하고…그래서 매일마다 죽은 조상에게 제사하며 기원합니다…창조주 하나님을 알지 못하는 우리 어머니는 죽은 후에 어디로 갑니까?

여러 명이 그의 말에 격하게 맞장구를 치며 한 목소리로 외쳤다.

[일부 사람들] 우리는 태초가 무엇인지, 개념이 무엇인지, 거듭남이 무엇인지, 모릅니다! 우리는 매일매일 먹고 사는 일이 너무 고단해서 그런 생각을 할 겨를이 없습니다. 그러나…우리는 고통 없이 평안하다는 천국에 가고 싶습니다!

[Juda]　　무사태평한 천국을 파는 곳은 없소?

　　Juda의 물음이 채 끝나기도 전에, 모두가 황급히 일사천리로 고개를 끄덕였다. 그들의 눈동자는 번쩍이고 입을 꽉 다문 채로 누군가가 이 질문에 대하여 통쾌하게 대답하기를 재촉했다.

[Zara]　　형제들이여! 필연적 자신의 운명을 사랑하십시오! 내 몸이 실존하는 것을 받아들이고 나의 삶을 인정하며 내가 오늘 살아있음을 사랑하십시오! 내일의 일은 아무도 모를 것이며 죽은 후의 일은 더욱 알지 못합니다. 어차피 우리가 죽은 후의 일을 알지 못한다면, 오늘을 행복하게 사는 것이 자신에 대한 사랑이 아닐까요? 혹시라도 무사태평한 천국행 입장권을 파는 곳이 있다면…그곳은 악의 소굴일 것입니다.

[일부사람들]　아무리 그래도 우리는 죽기 전에 어찌하든지 천국을 보장받고 싶습니다.

[Zara]　　형제들이여! 고통과 평안은 서로에게 속한 것입니다. 상처에 의해 정신이 성장하고 새 힘이 솟는 것처럼(우상의 황혼-서문 참조) 상처 내부에는 치유력이

있지 않을까요? 우리가 고통을 피한다면 평안도 물러나지 않을까요? 만일 땅의 세상이나 하늘의 세상이 무사태평으로 계속된다면…우리는 그 지루함 속에서 활동의 근원을 잃고 자신의 찬란한 창조성을 잊으며 무지렁이와 같아지고…그러면 또 다른 고통을 느끼지 않겠습니까?

[Maria 1] 하나님은 우리가 감당하지 못할 시험 당함을 허락하지 않으셨다고 해요(고전 10:13 참조). 그러니까 하나님은 우리의 몸이나 마음이 아플 때에 반드시 치유해 주시리라고 믿어요!

[Maria 2] 그렇게 보증되지도 않는 믿음은 도대체 어떻게, 왜 생기는 것이요?

[Maria 1] 하나님은 내 안에 계시니까요!

엉뚱하지만 왜 그런지 무시할 수 없는 Maria 1의 말에, 몇몇이 또 한 번 반신반의하면서 그녀를 쳐다보았고, 그녀는 천진난만한 표정으로 Christ를 바라보았다.

　Christ는 한 아이의 손을 잡으며 모두에게 말을 건넸다.

[Christ] 친구들이여! 우리에게 모두 이 어린아이처럼 작고

여렸던 시절이 있었으리라. 어린 우리는 하늘을 하늘로, 땅을 땅으로, 그렇게 보이는 대로 믿었으며 아름다운 자연과 어우러지고 어여쁜 꽃을 보며 행복하고 자기를 높이지 않았으며 세상을 탓하지 않았고 자신의 불평을 하늘에 따지지 않았으리라. 이와 같이 어린 우리는 하늘과 자연에게 순응하며… 자기를 중심으로 둥글게 에워싸고 있는 천지만물과 이웃과 함께 사이좋게 어른으로 변화하지만… 어느 순간 삶의 어려움 때문에 마음이 강퍅할지라도 자기 안에 어린아이의 마음은 그대로 살아 있을지니…그 마음이 곧 하나님의 나라이고 천국이라. 우리가 "하나님이 어디에 계시냐?"라고 따지기 전에, 살아서 움직이는 자신의 몸을 보고 자기 마음을 알아야 하리라. 자기를 아는 것이 하나님을 아는 것이라.

하나님을 알고 자신을 알지라도…우리는 살면서 뜻밖에 일어나는 천재지변과도 같은 재앙이나 사고를 겪을 수도 있고, 개인적으로 당하는 고뇌도 있으리라. 그렇다 하더라도 돌발 상황이나 고뇌 역시 지나가리니…지난 후에는 마음에 안도감과 삶의 숙련된 체험을 얻을 것이라.

믿음은 진리에 속한 것이니…이유와 증명이 필요치 않으리라. 그러므로 '하나님은 우리가 아플 때에 반드시 치유해 주시리라'고 믿는 마음 또한 진리에 속한 것이라. 믿음은 순종하는 마음이고 복종을 강요하는 명령이 아니며 개인적인 의지이므로 그 누구도 타인의 믿음을 평가하거나 측정할 수 없으리라.

진리는 하늘과 자기의 관계에 속한 것이라. 진리는 불편한 논리가 아니며 자기의 주장을 내세우는 논쟁도 아니라. 진리는 내 몸과 마음이 우주의 리듬과 질서와 맞닿을 때에 일어나는 충만감이라. 우주의 리듬과 질서는 다시 돌아오지 않는 어제, 지금 이 순간의 오늘, 반드시 다가올 내일 등등 일정한 규칙에 따라 움직이는 영원한 흐름이라.

친구들이여! 우리가 어린아이였던 일이 사실인 것처럼…자기를 알고, 삶의 체험으로 인생을 배우며, 올바른 믿음을 간직하고, 우주의 리듬과 질서가 마음에 닿을 때에…우리는 천국을 볼 것이며 하나님 나라 안에 거하리라.

[Maria 2]   아니오! 나의 천국은 그렇게 복잡한 규정이 필요 없는 쾌락의 늪이야! 그곳에는 인간을 심판하는 무서운 하나님도 없고, 불편한 진리를 따를 필요도 없으며, 죄를 회개할 필요도 없는 곳이야. 내가 왜? 보이지도 않는 하나님한테 심판을 받아야 해? 진짜로 하나님이 인간을 창조했다면, 인간을 죄인으로 몰아 세우지 말고 무조건 인간의 욕망을 충족시켜 줘야 하는 것 아니야…? 나는 부담스러운 하나님의 나라를 원하지 않을 뿐더러, 짧은 인생 내 맘대로 살고 실컷 쾌락을 즐길 거야!

어떤 사람이 일어서서 Maria 2를 향하여 격렬하게 박수를 쳤다. 반면, Maria 1은 그들의 말과 행동을 기가 막히다는 표정으로 일관했다.

[Christ]   친구들이여! 빛의 천국과 어둠의 천국을 분별하라! 마음의 행복과 육체의 쾌락을 구별하라!
어둠은 빛에서 갈려 나왔고, 육체의 쾌락은 마음의 행복에서 파생되었으니…원천은 한 곳이라. 강물이 거꾸로 올라갈 수 없듯이 어둠은 빛을 피하지 못하

고, 육체는 마음을 거부할 수 없으리라. 우주의 근원을 역행하려는 어둠을 천국이라고 말할 수 없고…어두운 곳에 숨어서 행하는 그릇된 행위는, 자신에게 부끄러움이 되고 재앙이 되며 헤어 나올 수 없는 올가미가 되리라.

참된 천국은 마음이 떳떳하지 못한 나쁜 행실을 감당하지 않으리라. 누구라도 지나친 욕망과 만족을 뒤쫓을 때에, 무언가를 보고 느꼈다면 그것은 어둠 속에서 드러나는 순간적 환시이며 극히 짧은 찰나의 느낌이라. 그랬다 해도 막연한 착각에서 깨어나고 잠깐의 관능적 쾌락을 물리치며 자신의 탐욕이 너무했음을 알고 정신을 바로잡으면…그때에 천국 곧, 하나님의 나라는 다시금 자기의 마음속에 거하리라.

친구들이여! 전 인류는 똑같은 축복과 행운을 부여 받았음을 알라! 축복은 우리가 아름다운 지구에서 태어난 사실이고, 행운은 우리가 삶에서 누리는 영육 간의 기쁨이라!

누구는 이미 주어진 은혜를 무시하고 과도한 만족감을 선택의 자유로 여길 수 있으나, 그 선택은 방종이라. 자유라고 간주하는 무절제한 욕구는 만족의 끝이 없을 것이고 채워지지 않는 욕망의 빈자리는 자아를 병들게 하리라. 심지어 그의 자아는 어둠의 지배를 받고 허망한 꿈을 꾸며 방황하고 이리저리 떠돌며 유리하는 영혼이 되리라. 그러나 부모를 잃은 고아와 같은 그의 마음도 우주의 리듬에 닿을 때가 있으리니…그때에 그는 자신을 되찾고 진리를 알게 되며 하나님의 나라에 속하리라.

친구들이여! 쾌락의 늪에 빠진 사람들도 부모로부터 태어났고 그 부모는 또 부모로부터 태어났으니…우리 인간의 시작에는 오직 한 분의 창조주가 있으며 긍휼과 사랑과 빛의 원천이라.

몇 사람이 팔을 번쩍 쳐들고 일어나며 외쳤다.

[몇 사람]   그런데 평생 쾌락의 늪에 빠져서 살다가 진리를 알지 못하고 죽는 사람은 어떻게 됩니까?

[Christ]   친구들이여! 이미 말한 바와 같이 하나님은 긍휼하시고 오래 참으시며 사랑으로 기다리시는 분이시며 부모와 같은 분이시라. 하나님은 우리 인간을

까닭 없이 죄인으로 몰아세우지 않으며 괜한 사람을 무서운 심판으로 겁주지 않으리라.

그대들이 알고 싶은 일, 즉 어떤 사람이 어둠의 세력에 자기의 영혼을 넘겨주고 쾌락의 늪에 빠진 채로 죽는다 해도…하나님은 "내가 하늘에 올라갈지라도 거기 계시며 스올에 내 자리를 펼지라도 거기 계시니이다"(시 139:8). 그러므로 죽음 속에서 진리를 만날 수 있는 기회가 찾아 오리니…그때에 빛의 길로 향하고 어둠에서 행했던 자기의 부끄러움을 회개하라. 그리하면 진리가 하나님의 나라로 인도하리라.

사람들은 계속하여 팔을 높이 쳐들고 거듭 소리쳤다.

[일부 사람들] 평생토록 죄인으로 살다가 죽는 사람은 어떻게 됩니까?

[Christ] 친구들이여! 진실로 진실로 이르노니…세상의 죄와 하늘의 죄를 분별하라! 세상의 도덕을 범법한 행위와 하늘의 하나님을 부정한 행위를 혼합하지 말라! 인간이 인간을 세상의 죄인으로 심판할지라

도…하늘의 죄인으로 명하거나 낙인 찍을 수 없으니…하늘의 죄인은, 오직 하나님만이 각 개인의 일생을 살펴보시고 일대일 관계로 사랑의 훈계를 하시리라.

사람이 하나님을 판단하기 전에 자기 자신을 판단하라. 지각이 없는 우둔함으로 하나님을 비방하지 말라! 하나님을 부정하고 공격하며 무시하는 언행은 씻을 수 없는 죄이며, 그에 대한 잘못은 하나님만이 다스리리라. 부모 없이 세상에 태어난 사람이 없고, 부모를 하찮게 여길 수 없음과 같이 하나님을 멸시할 수 없음이라. 그러나 이 또한 선택의 자유로 착각한다면…부모에게는 불효자식이요, 하나님에게는 죄인이 되리라. '죄인'이라고 불리는 것이 불편하고 끔찍하게 듣기 싫다면…땅 위의 부모를 인정하듯이 하늘의 하나님을 인정하라. 그리하면 '죄인'의 멍에를 벗으리라.

다시 한번 말하지만, 평생 동안 세상의 죄인이나 하늘의 죄인으로 살았을지라도…지구의 삶을 끝내고 하늘나라로 갈 때에, 그의 영혼은 창조주 하나님을 만날 것이며…그때에 그는 또다시 빛과 어둠

중에서 선택의 자유를 맞이하리라.

이제 사람들은 안도의 숨을 내쉬며 조용히 앉았다. Christ는 그들의 마음을 위로하며 다정하고 뚜렷하게 말했다.

[Christ] "진실로 진실로 네게 이르노니 사람이 거듭나지 아니하면 하나님의 나라를 볼 수 없느니라"(요 3:3).

제3부

빛과 어둠의 군사

1. 빛의 용사
 − 하나님의 전신 갑주
2. 외로운 장군의 눈물
 − 친구여! 참 빛 심장으로 승리하라!

1.
빛의 용사
- 하나님의 전신 갑주

Daniel은 좋은 환경과 부유한 가정의 외동아들로 태어나 부모의 사랑을 듬뿍 받으며 부족함 없이 자랐다. 생활 조건의 넉넉함은 그의 마음을 너그럽게 만들었고 너그러움은 가까운 사람들에게 따뜻한 배려와 사랑을 베푸는 자애로움으로 이어졌다. 뿐만 아니라 풍요로움은 그의 정신세계에 낭만을 선사했다. 그는 별을 보며 꿈을 꾸고 자연과 교감하며 명랑하고 총명하게 성장했다.

청년기에 접어들은 Daniel은 얼마 전 동네 사람들의 모임에서 Christ를 만났다. Christ는 보이지 않는 창조주의 존재와 보이는 우주, 그리고 살아서 숨쉬는 인간의 밀접한 상호 관계를 알기 쉽게 말해주었다. Daniel은 Christ의 동화 같은 이야기 속에서 이제까지 몰랐던 창조주의 존재를 알게 되고, 자기가 태어난 우주의 기본 원리와 변화를 살펴보는 우주 철학에 흥미를 느끼며, 자기 자아에 대하여 깊은 관심을 갖게 되었다. Daniel은 자기가 들은 모든 신성한 이야기를 부모에게 전달했다. 그의 부모는 잘 이해할 수는 없었지만, 사랑하는 아들이 전하는 말이기 때문에 귀를 기울여 들었고, 지혜의 근원과 본질에 대한 진실을 마음에 새기며 받아들였다.

그렇게 풋풋하고 티 없이 청춘을 잘 지내던 Daniel이 20세가 되는 날, 그의 아버지가 갑작스러운 병으로 인해 정신을 잃고 쓰러졌다. Daniel은 몹시 당황했지만 애써 침착하며 아버지의 손을 잡고 간절히 애원했다.

- 제발! 아버지 정신을 차리세요. 아버지께 할 말이 있어요!

아버지는 눈을 감은 채 혼수상태에 있었지만 손은 아직 따뜻했다. Daniel은 아버지가 자기의 목소리를 들을 수 있다고 확신하며 Christ에게 들은 '빛과 하나님의 나라' 이야기를 되풀이했다.

- 아버지! 아버지가 하늘 나라에 가면…아버지는 창조주 하나님을 만날 것이며…빛을 선택할 수 있다고 해요. 그러면 천국을 볼 것이며…하나님 나라 안에 거할 수 있다고 해요. 그러니까 아버지! 꼭! 빛을 기억하세요! 아버지 사랑해요!

Daniel의 아버지는 훌륭한 의사였지만 자신의 위급한 질병을 고치지 못하고 결국 세상을 떠났다. 참혹한 상황을 감당하지 못한 그의 어머니는 슬픔에 사무쳐서 정신줄을 놓고 몸과 마음의 병을 앓기 시작하더니 며칠 후에 속절없는 죽음을 맞이했다.

느닷없이 고아가 되어버린 Daniel은 그날부터 외롭고 험난한 삶의 투쟁을 시작했다. 그는 순풍에 행운을 싣고 흘러왔던 소년 시절과 작별하고 거친 풍랑을 동반한 질풍노도의 청년 시절과 만났다. 그리고 그는 난생 처음으로 자신의 내면세계를 체험하게 되며 서로 다른 가치관을 지닌 자아와 치열하게 충돌하기 시작했다.

Daniel은 매일매일 부모님의 묘지 앞에 앉아서 하염없이 울었다. 호숫가 언덕 위, 햇볕이 잘 드는 곳에 위치한 부모님의 묘지는 그의 딱한 사정을 위로해 주는 안식처가 되었다. 그는 그곳에서 부모님을 그리워하며 부모님의 사랑을 되새기고 마음에 위로를 받으며 홀로 살아갈 앞날을 생각했다.

- 나는 이제 어떻게 살아야 하나…?

여러 가지 상황을 심사숙고하던 Daniel은 자신의 속생각이 긍정심리와 부정심리로 갈라지는 것을 감지했다. 그는 자기 마음 안에서 밝은 생각의 긍정심과 어두운 생각의 부정심을 당면하게 되고 하나의 문제에 대하여 서로 다른 의견을 주고받으며 갈등했다.

[Daniel-빛] 왜? 나에게 이렇게 고통스러운 일이 일어난 거야?
[Daniel-어둠] 나는 그동안 부모의 따뜻한 빛과 무한한 사랑의 품 안에서 정신적, 육체적 추위를 모르고 살았지. 이제 부모님의 보호막이 벗겨진 나는 앞으로 차갑고 혹독한 어둠도 알게 될 거야.
[Daniel-빛] ….

그의 어두운 마음은 세상물정을 다 아는 것인 양 어른처럼 자기 자신에게 가르치듯이 말했다.

[Daniel-어둠] 나는 지금부터 보호자도 없이 홀로 살아가야 해. 험한 세상에 살아남기 위해서 남보다 강해지고 나의 이익만을 추구하며 굳세게 생활력을 길러야 해. 그 과정이 부당하고 양심에 가책을 느낄 수 있으며 나쁜 사람이 될지라도…나는 이유 여하를 막론하고 수단을 택하며 목적을 실현하고 싶어. 그렇게 되기 위해서는, 재물, 명예…어떤 것이든지 남이 가지기 전에 내가 먼저 차지하며 남보다 월등히 성공할 수 있는 계략을 알아야 해. 내가 아주 심각하게 절대적으로 목표 달성을 원한다면, 내 몸과 마음이 어느 순간에 그 비법을 알아차리겠지…? 잘 생각해 봐! 내가 나쁜 사람이면 어떻고, 욕심을 부리면 어때? 나만 잘살면 되지. 내가 부유해서 떵떵거리고 산다면…그것이 나에게는 권위가 될 것이고…그러면 가난한 사람들이 나를 받들고 우러러보지 않겠어? 그렇게 되면, 나는 욕망이 채워져서 흡족할 것이고…이 세상을 살아갈 가치가 생기지 않겠어?

[Daniel-빛] 싫어! 나는 그렇게 살지 않을 거야!

Daniel은 이해할 수 없었다. 자신이 왜 빛과 어둠의 잣대 위에 서야 하는지…왜 좋은 사람, 나쁜 사람으로 갈라서야 하는지…왜 나의 이익을 위해서 남을 밟고 일어서야 하는지….

그가 진정으로 알고 싶은 것은…착하고 바르게 살았을 때의 결과이다. '과연 남과 더불어 화합하며 잘 지내는 것은, 내 삶에 흡족함을 주지 않을까…?' Daniel은 이웃과 화목하게 사는 것과, 개인적 이익을 추구하며 사는 것에 대하여 몇 번이고 뒤집어 생각했다. 그의 정신은 헷갈리며 방황했고, 그의 마음은 평안과 불안으로 나뉘며 팽팽히 맞섰다. 그러나 그의 영육이 당면한 당혹스러운 문제는…상반된 두 마음 중에 욕심과 이기적인 마음이 반 이상으로 기울면서 '나쁜 나'가 힘을 키우고 있는 상황이었다.

햇살이 뉘엿뉘엿 호수 아래로 내려가며 찬 바람이 불기 시작했다. Daniel은 해결되지 않는 자신의 두 마음을 품은 채 옷깃을 여미고 일어나서 집으로 돌아왔다. 텅 빈 집에는 밤 바람이 술렁거리며 이 방에서 저 방으로 옮겨 다녔다. 그는 저녁 식사로 대충 배를 채우고 앞마당에 서서 멍하니 밤하늘을 올려다보았다. 밤하늘에서 달빛과 별빛이 한꺼번에 쏟아져 내렸다. 그는 두 팔을 벌리고 숨을 크게 들이쉬며 달빛과 별빛을 마음껏 마셨다. 머릿속이 깨끗해지고 기분도 말끔해진 Daniel은 맑은 기운을 즐기며 그대로 서 있었다.

조금 뒤에…한 가닥 강렬한 빛의 줄기가 그의 뇌리를 스치며 들어왔고 곧이어 어둠의 줄기가 빛의 줄기를 둘둘 휘감으며 침범했다. 순간, 그는 멍하던 정신이 번쩍 들었고 빛의 줄기와 어둠의 줄기는 Daniel 머릿속에서 강력하게 한마디씩 선언했다.

[빛줄기] 사랑하는 아들아! 빛의 진리와 정의와 믿음으로 세상의 권세를 이기라!
[어둠줄기] 어둠의 자식이 되라! 그러면 세상의 부귀영화를 얻으리라!

Daniel의 몸이 흔들거렸다. 머리가 어지럽고 팔다리가 저리며 냉기가 핏줄을 타고 흘렀다. 그는 춥고 아프고 죽을 만큼의 괴로움을 견디지 못하고 그 자리에서 기절하듯이 쓰러졌다. 얼마 후, 차디찬 오한을 느끼며 정신이 돌아온 그는 방으로 들어가서 이불을 겹겹이 덮고 잠을 청했다.

다음 날, Daniel은 습관대로 호숫가 언덕 부모님의 묘지로 갔다. 상쾌한 아침 바람은 풀잎에 내려 앉은 이슬을 흩으며 간밤의 고통을 걷어갔다. 그는 자신의 앞날을 설계하고자 마음을 굳게 먹었다. 우선 학문을 배워야 하고 그 다음은 안정된 경제적 생활 터전을 만들고…그리고 그 다음에는 사랑하는 사람을 만나서 행복한 가정을 이루어야 한다는 것에 기본 목표를 두었다. 그는 자기가 구상하는 기본 목표를 누구와 의논하고 싶었고, 자신의 계획을 실행에 옮겼을 경우의 예상 결과도 궁금했다. 그래서 Daniel은 자신에게 질문하고 자신이 대답하는 방식을 시작한다. 그러나 그는 시작부터 난관에 부딪혔다. 자신의 마음 속에는 이미 '나쁜 나'가 영역을 넓히고 자리를 잡으며 어둠의 자식 계열에 서 있었다.

[Daniel-빛] 나는 자연과 이웃을 사랑하며 지혜롭게 살고 싶어!

[Daniel-어둠] 사랑은 삶에 아무런 이익을 주지 않아! 왜냐하면, 가족, 연인, 이웃을 사랑하는 마음은 오래도록 간직되지 않고 미움으로 변질할 수 있으며 마음에 상처를 남기기 때문이야. 자연을 사랑하는 마음도 먹고 사는 일에 실리적인 결과를 주지 않지. 나는 그렇게 무모한 사랑의 빚을 감수하면서 불편하게 살고 싶지 않아. 그냥 적절하게 어둠의 꾀를 따르고 내 인생을 내 마음대로 살고 싶어. 이 또한 삶의 지

혜라고 생각해.

[Daniel-빛] 아니! 사랑은 빛의 참된 흐름이고 우주의 진리야! 그러므로 빛은 사랑하는 부모님 같고 마음의 고향이며 언제나 변치 않는 태양처럼 나를 따뜻하게 안아줄 거야. 그리고 삶의 지혜는 나를 알고 자연의 이치를 깨달으며 함께 인정하고 살아가는 거야. 타산적 마음을 가지고 내 멋대로 사는 것은 지혜로운 삶이 아니야! 그런데 왜 사랑과 지혜의 삶을 불편하고 무모한 일이라고 생각해? 나의 의지로 나의 인생을 개척하면 행복하지 않을까…? 쉽게 꾀를 부리고 게으르게 산다면 독창적인 내 자신을 잃어버릴 거야. 나는 내 안에 흐르고 있는 공명정대한 빛과 사랑의 기운이, 반드시 교활한 어둠과 교만의 기운을 극복하리라고 믿어!

그러나…Daniel의 두 마음은 갈피를 잡지 못하고 어떠한 것도 확실히 결정할 수 없었다. 그는 자신의 나약함에 걱정이 앞서고 초조했으며 자신과의 대화는 인생 상담이 될 수 없다는 생각이 들었고 누군가가 강력하게 자신의 앞날을 인도해 주기를 바랐다. 바로 그때, 어두운 기운이 그의 머릿속을 이리저리 흐르다가 기어이 Daniel의 목덜미를 움켜쥐고 아우성쳤다.

[어둠줄기] 나에게 복종하라! 그러면 너에게 세상 권세를 주리라.

또다시 어둠의 제안을 받은 Daniel 자신은 이번에도 서로 다르게 반응했다. 하나의 자신은 거부감과 적개심을 품었고, 다른 하나는 나태에 빠져서 그들이 제시하는 간단명료한 조건에 매료되었다.

[Daniel-어둠] 맞아! 세상 권세가 나에게 만족을 줄 거야. 부귀영화를 누리고 살면, 지혜롭지 않아도 잘살 수 있을 거야…어차피 한 세상 살다가 죽는 인생인데…쉽게 살면 어때…? 그러니까 저들에게 복종하고 편안하게 살자!

[Daniel-빛] 아니! 그것은 함정이고 속임수야! 저들은 자연계의 질서와 진실을 외면하고 거짓을 꾸미며 악의 힘을 기르기 위해서 인간의 양심을 무디게 하고 영혼을 유혹하는 거야! 만일 내가 그들의 꼬임에 넘어간다면, 내 영혼은 사나 죽으나 악의 구렁텅이에서 헤

어 나올 수 없을 거야! 저들은 꽃 한송이도 창조할 수 없는 어리석은 위선자들이야!

[Daniel-어둠] 진실의 기준은 무엇이고, 거짓의 기준은 무엇인데? 왜 굳이 진실과 거짓을 구분해야 해? 자연계의 질서와 진실이 내 인생하고 무슨 상관이야! 저들이 꽃 한송이를 창조하건 말건 나와 무슨 상관이냐고…! 나는 무엇이든지 나에게 유익한 것을 선택할 거야. 그것이 나에게는 진실이고 진리야!

Daniel은 극으로 치닫는 자신의 두 마음을 진정시키려고 잠시 침묵했다. 자기 안에 있는 두 마음은 서로 의견에 차이가 있었지만, 서로 합당한 이유가 있기에 함부로 한쪽의 편을 들 수 없었다. 그는 자신의 두 마음 모두를 이해시키고 싶었다.

[Daniel-빛] 진실은 사람의 본성인 선을 인정하는 것이 아닐까…? 반면에 거짓은 사람의 본성을 부인하는 악한 기질이 아닐까…? 선한 생각과 순수한 행동은, 인간 본연의 자세이고…악한 생각과 위선적 행동은, 인간의 본모습을 거스르는 것 같아.

[Daniel-어둠] 선함도, 악함도 모두 나의 본모습이야! 둘 다 나 자

신이라고! 그런데 세상에 실재하는 선과 악의 세력 다툼을 왜 내가 신경을 써야 해? 그 둘의 싸움은 그 둘의 문제야. 나는 나만 잘 먹고 잘살면 돼! 내가 악한 생각을 품고 위선적 행동을 한다고, 누가 나를 혼내고 벌을 주는 것도 아니잖아!

[Daniel-빛] 감정에 치우치지 말고 이성적으로 생각해 보자…! 나는 지금 지구라는 우주에 살고 있으며 나 혼자서 태어나지 않았어. 그것은 내가 자연의 섭리 안에 있다는 것이 아닐까…? 그리고 한 걸음 더 나아가서 생각해 보자! 우주만물은 누가, 언제, 어떻게 만들었으며…자연의 원리, 질서, 법칙은 어디서 오는 것일까…?

자연의 섭리는 영원히 스스로 흐르는 선한 기운의 움직임 같아. 그러나 악의 기운은 본래의 선한 흐름을 넘어설 수 없기 때문에 시기하고 방해하는 나쁜 움직임이 아닐까…? 아무리 생각해도…나는 자연의 섭리를 따르며 나 자신에게 결백하고 싶어. 그리고 내가 살면서 매 순간 선과 악 중에 하나를 선택해야 한다면…나는 오직 내가 믿는 빛과 선과 진리를 선택하고 정의의 용사가 될 거야!

미처 그의 말이 끝나기도 전에 어둠의 줄기가 Daniel의 몸을 뒤집어엎을 듯이 흔들고 분노하며 악을 썼다.

[어둠줄기] 감히 내 명령을 거역해? 내가 반드시 너의 삶을 간섭하고 보복하며 응징하리라! 나를 따르는 어둠의 군사들이 너를 쫓아다니며 네 삶에 훼방을 놓을 것이라!

공포에 질려버린 Daniel 자신은 또다시 서로 다른 생각을 말했다.

[Daniel-어둠] 지금이라도…저들에게 굴복하자.
[Daniel-빛] 아니! 절대로 저들의 위협에 무릎 꿇지 않을 거야!
[Daniel-어둠] 고집 부리지 마! 쉽게 살자!
[Daniel-빛] 나는 하늘의 진리와 정의로 저들의 악의와 싸울 거야! 너는 조용히 가만히 있어!

사실 그는 몹시 두려웠고 악의 유혹에 끌리는 마음의 갈등도 멈추지 않았다. Daniel은 두 손을 꼭 잡고 자신을 달랬다.

- 나는 할 수 있다…! 나는 할 수 있다…! 나는 할 수 있다!

수없이 자신에게 힘을 실어 주던 그는 얼마 후에, 자신의 마음을 움직이는 강한 기운을 느꼈다. 그 기운은 빛이고, 빛의 선한 흐름은 Daniel을 사랑으로 품으며 긍휼히 말했다.

[빛줄기] "우리의 씨름은 혈과 육을 상대하는 것이 아니요 통치자들과 권세들과 이 어둠의 세상 주관자들과 하늘에 있는 악의 영들을 상대함이라 그러므로 하나님의 전신 갑주를 취하라 이는 악한 날에 너희가 능히 대적하고 모든 일을 행한 후에 서기 위함이라"(엡 6:12-13).

한순간에 마음의 안정을 되찾은 Daniel은 결심했다.

- 나는 이제부터 내 영혼을 선으로 단련하며 뜻한 바를 굽히지 않는 믿음의 전신 갑주를 입고 빛의 용사가 되리라!

빛의 힘으로 무장한 Daniel은 힘차게 일어나서 언덕을 내려왔다. 집에는 손님이 와 있었다. 앞마당 꽃밭에 앉아있던 그녀는 Daniel을 쳐다보며 일어섰다. 그녀의 머리 위로 환한 서광이 비쳤다. Daniel은 찬란한 빛으로 감싸인 그녀의 모습에 눈이 부셨고 가슴이 두근거리고 설레었다. 그녀는 수줍게 미소 지으며 Daniel에게 인사를 했다.

[Maria 1] 안녕?

얼떨결에 그녀의 인사를 받은 Daniel은 마음속 깊이 안도감이 느껴지고…스스로 외롭고 쓸쓸한 고독 속에서 벗어나는 해방감을 맛보았다. 그리고 빛 가운데 서 있는 그녀 역시 믿음의 전신 갑주를 입은 빛의 용사라는 생각이 들었으며 그녀를 향한 동지애가 솟아났다. 그는 그녀에게 진정 어린 심정으로 반갑게 인사를 했다.

[Daniel] 안녕…!
[Maria 1] 배고프지 않아…? 우리 집에 가서 밥 먹을래?

Daniel은 머뭇거렸고, Maria 1은 그의 손을 잡고 뛰었다. 호숫가 바람도 그 둘의 머리카락을 나부끼며 그녀의 집을 향하여 달음질쳤다. 그녀의 어머니는 Daniel의 방문을 무척 반가워하고 푸짐하게 밥상을 차렸다. Daniel은 자신의 어머니가 생각나서 가슴이 찡하고 눈시울이 붉어졌다. 그녀의 어머니는 Daniel의 어깨를 토닥거리며 다정하게 말했다.

[Maria1어머니] 많이 먹고 몸도 마음도 건강하게 지내다오. 네가 외롭고 배고플 때 언제든지 우리 집에 와서 우리와 함께 지내자.

Daniel은 그녀의 온유함에서 부모의 사랑을 느끼며 억지로 참고 있던 눈물을 쏟았다.

그날 이후로 Daniel과 Maria 1은 매일매일 만났다. Daniel은 그동안 독백의 날들로 지쳐 있던 자신을 일으키며…누구에게 하고 싶었던 수많은 이야기를 그녀에게 들려주었다. Maria 1 역시 자기 마음속에 담겨 있는 그림 같은 동산의 이야기를 펼쳐 나갔다. 그 둘은 진솔한 말로 각자의 참다운 마음을 표현하며 서로서로 생각을 이해하고 기쁨을 나누었다. 그러면서 서로를 영혼의 벗으로 여기며 존중하고 자기 안에 빛의 힘을 키워 나갔다.

여느 날처럼 그 둘은 모래밭에 앉아서 호숫가 전경을 바라

제3부 빛과 어둠의 군사

보았다. 맑디맑은 호수 물결이 햇빛을 등에 업고 찰랑찰랑 밀려오고 밀려 나가며 오손도손 모여 있는 차돌멩이들을 씻어주고…그 물결 위를 스치듯 나르는 물새들은 목청을 돋우며 창공을 향하여 힘차게 날아올랐다. Daniel과 Maria 1도 그 상쾌한 흐름에 합류하고 서로 마주보며 영혼의 날개를 펼치고 찬란한 푸르름을 향하여 도약하며 이야기의 창을 열었다. 그 둘의 이야기는 시간과 공간을 넘나들며 바람을 타고 구름을 건너며 저 하늘 높이 메아리쳤다.

날이 저물고 어둑어둑한 하늘에 둥근 달이 그윽한 미소를 지으며 떠오르고 별들은 하늘 한가득 반짝이며 자기 동산의 위치를 표시했다. Daniel과 Maria 1은 놀이동산 같은 하늘을 보며 소풍을 나온 어린아이처럼 즐거워했다.

[Maria 1] 와! 재미있다! 우주는 모든 별들이 뛰노는 놀이동산 같아. 우리가 하늘의 별들을 보듯이, 하늘의 별들도 땅에 있는 우리 동산을 별처럼 보겠지?

[Daniel] 그럴 거야! 우주는 동그라미 같으니까…어디에 있는 별이라도 그들의 하늘에서 또 다른 하늘의 별들이 보일 것 같아…그리고 서로 반짝임으로 자신의 동산 자리를 알려주는 것이 아닐까…?

Daniel과 Maria 1은 하늘의 별들에게 자기 동산의 자리를 알려주기 위하여 두 팔을 높이 들고 손을 흔들었다. 하늘의 무수한 별들도 자기의 빛을 발하며 깜빡이면서 응답했다.

하늘은 별들을 싸안고 땅과 손을 잡았다. 하늘의 별들은 반짝임으로, 땅 위의 사람들은 영혼으로, 서로 인사를 나누며 질서정연하게 행진했다. 그들의 행렬은 무한한 공간에서 둥글게 원을 만들고 큰 우주를 만들며…자기도 우주의 태양과 달처럼 영원하기를 염원하고 기쁨으로 출렁였다. Daniel과 Maria 1도 어둠을 뚫고 꿋꿋이 전진하는 빛의 행진에 발맞추며 환희에 넘치는 영혼으로 다시 한번 굳세게 다짐했다.

[Daniel & Maria 1] 내 우주여! 빛의 투구를 쓰고 믿음의 전신 갑주를 두르며 어둠을 이기라!

2.
외로운 장군의 눈물
- 친구여! 참 빛 심장으로 승리하라!

태양이 새 아침의 창을 열며 호수 물결에 발간 빛을 발했다. Christ는 돋는 해의 기운을 느끼고 밤새워 기도하며 굽혔던 무릎을 펴고 바위에 앉았다. 멀지 않은 곳에서 묵상으로 밤을 지새운 Zara가 Christ 곁으로 다가와 앉았다.

[Christ] 친구여! 오늘도 어김없이 새 날이 밝아오네. 아침해는 하나님이 살아 계시다는 근거를 우리에게 보여주는 것 같아.

[Zara] 그러게…하나님이 지으신 세계는 참 신비롭고 찬란해!

[Christ] 세상 어느 곳에서도, 어느 누구라도, 새로운 하루를 맞이하겠지?

[Zara] 이렇게 영롱하고 새뜻한 아침이지만 어떤 이는 희망으로, 어떤 이는 절망으로, 사람마다 다르게 시작할 것 같아….

[Christ] 하루를 살아갈 일이 아득할 때에…내일도 태양이 뜨는 것을 우리가 알듯이…오늘의 고난도 스쳐 지나갈 것을 인식하며…힘을 내고 견뎌내면 좋은 날이 올 텐데….

[Zara] 그러나 오늘을 버티기 힘든 사람들은, 내일의 희망조차도 생각할 경황이 없을 것 같아….

Christ는 삶이 힘겨운 사람들을 생각하며 고뇌에 가득 찬 얼굴을 숙이고…Zara는 사랑하는 친구와 이별을 준비하며 비애에 잠겼다. 한참 만에 Zara가 아쉬움이 짙게 배어 있는 목소리로 입을 열었다.

[Zara] 나는 이제 이곳을 떠나려고 해…그대는?

[Christ] 친구여! 나는 얼마 남지 않은 내 삶에, 반드시 해야 할 일이 있다네. 그 일은 땅 끝까지 모든 사람들이

제3부 빛과 어둠의 군사

하나님을 알고…하나님의 참 뜻을 알 수 있도록…
하나님의 약속을 전파해야 하는 소명이지. 나는
그 일을 완수하기 위하여 이 세상에 태어났어.

[Zara] 하나님의 참 뜻이란 무엇을 의미하는가? 그리고 그
대의 소명에 대하여 좀더 자세히 말해 줘.

[Christ] 하나님의 참 뜻은…모든 사람이 삶의 평강을 누리
는 것이지. 그리고 하나님이 내게 주신 소명은, 하
나님의 성결한 마음이 사람의 훌륭한 인격체이며
본성임을 알려야 하고…하나님의 원기가 우리의 영
혼과 함께 살고 있는데 육신의 욕심 때문에 그 진
실이 무시당함을 일깨워야 하며…가장 중요한 소
명은 하나님이 사람에게 베푸신 약속을 전달해야
해. 그것은 사람의 몸은 잠시 동안이고 영혼은 영
원하다는 진리 즉, 사랑과 긍휼의 언약이지.
나는 지난 몇 해 동안, 하나님의 참 뜻을 사람들이
수긍할 수 있도록 쉬운 말로 비유를 들어 이야기
하는데…사람들의 정신을 깨우기가 너무 힘들어…
우리의 삶은 육신의 굶주림이 먼저이기 때문에 정
신의 깨달음에는 관심이 없는 것 같아. 사람이 하
늘과 땅 그리고 자연의 아름다움을 보며 정신이

맑아지고 생각이 풍만해짐을 경험하며, 하나님을 느낄 수 있다면 얼마나 좋을까…? 그냥 존재하는 대자연을 보고도 아무런 감정이 없는 메마른 영혼이 너무 속상해….

내가 어떻게 하면 아픔의 미궁에 빠진 인생을 구할 수 있을까…?

내가 어떻게 하면 사람들에게 삶과 죽음의 소망을 줄 수 있을까…?

내가 죽음을 무릅쓴다면…나의 희생이 과연 모두에게 생명의 빛이 될 수 있을까…?

Christ는 말을 끝맺지 못했다. 그는 두 손을 모으고 하늘을 올려다보았고, 눈물이 하염없이 흘러내렸다. Christ의 괴로움과 애절한 슬픔을 가슴으로 느끼는 Zara가 말을 꺼냈다.

[Zara] 친구여! 그대는 나에게 인생의 빛을 되찾게 해 주었지…. 지난날 나는 동굴에서 나온 이후로 하늘과 땅의 진정한 의미를 알고자 매일 이곳에서 사색을 했어. 그러던 중에 그대를 만났고 그대의 순전한 사상을 듣고 함께 이야기하며…내 정신이 깨

어났지.

그 깨달음의 과정은…내가 그대의 순결 무구한 이념에 몰두하며 하늘을 쳐다보던 중에, 우주만물의 변화하는 모양을 보았고 그 모양이 되풀이되는 것을 알았어. 더 나아가서는, 천문의 모든 피조물은 자신이 시작한 곳으로 반드시 되돌아오며…그 움직임은 자연의 반복적 경로이고…무한한 원형 안에서 끊임없이 돌고도는 우주의 법칙인 것을 알게 되었지. 그리고 어쩌면 인간인 나도 내 작은 우주를 소유하며 큰 우주 원형 안에서 계속하여 되풀이될 것이라는 소망을 갖게 되었어….

그대가 인간의 거듭남에 대하여 이야기할 때에…나는 천지만물의 규칙적인 리듬이 확고부동한 진리임을 알게 되었지. 세월이 흐르고 흘러도 변치 않는 진리, 곧 인간과 우주를 포함한 대자연의 거듭남 원리를! 생명체가 몸체로 혹은 영으로 새롭게 변화하는 존재양상은, 인간이 눈으로 볼 수 있는 하나님의 선물이며…하나님의 긍휼이고…하나님의 사랑임을 알았어. 뿐만 아니라, 우주의 회전은 하나님이 인간과 우주 생명체 안에 영원히 살아 계신

다는 근본이치의 증거임을 깨달았지.

그때부터 나는 인생의 어두운 절망 속에서 헤어나고, 밝게 빛나는 희망을 품게 되었으며, 보람된 삶을 향한 무궁무진한 가능성을 꿈꾸게 되었어. 나의 소중한 꿈은, 이 땅에서 내 몸이 죽음으로 소멸되고 몸의 기억이 사라져도…내 정신의 마음은 죽지 않고 하늘에서 살아있을 것이라는 희망이야.

이 외에도 그대의 이념 중에 제일 고귀한 사실은, 나는 우주의 한 부분이고 하나님의 소중한 자녀임을 느끼게 해주었지.

지난 밤 나는 밤을 지새우며 그대의 이야기를 되새기고 내 마음을 살펴보며 통찰하면서 내 자신의 부족함을 깊이 생각했어…인간은 많이 배운 자나, 많이 가진 자나, 비록 배우지 못하고 가난할지라도…모두가 하나님의 평등한 자녀이기 때문에 누가 누구를 정죄할 수 없다는 중요한 도리를 얻었지….

나는 나의 생애를…육체의 옷을 벗을지라도…내 작은 우주 안에서 천체와 함께 춤추는 자유인이 되고…생명의 기쁨을 누리기 위하여…결심을 했어!

"캄캄한 동굴을 비추는 대낮을 만나야 한다!"라고 (차라투스트라는 이렇게 말했다, 책세상, p. 534, 538 참조).

친구여! 나는 굴절없이 곧게 빛나는 위대한 정오를 마중하기 위해서 다시 동굴로 돌아간다네.

Christ는 자리에서 일어나 Zara를 껴안았다. 그 둘의 심장은 헤어짐의 슬픔을 극복하며 서로를 응원하는 생기를 담아서 힘차게 약동했다.

[Christ] 친구여! 그대가 위대한 정오의 빛을 맞이하는 여정에, 하나님의 사랑이 함께하시길 기도하겠네.

Zara는 동산을 떠나고…마을 사람들이 하나둘씩 언덕 위로 모여들며 매일과 같이 Christ 주위에 앉았다. 그들은 의지할 곳이 없는 삶의 허전함을 위로 받고 싶은 간절한 눈망울로 Christ를 쳐다보았다. Christ는 그들 마음의 배고픔을 채워 주기 위하여 영혼의 양식을 담아 혼신의 힘을 기울여 이야기를 시작했다.

[Christ] 친구들이여! 그대들이 오늘 하루를 견디기 힘들 때

에, 기뻐하고 뛰놀 수 있는 날이 기다리고 있음을 알라. 너희가 지금은 울지라도 웃는 날이 올 것이라(눅 6:21 참조). "그러므로 내일 일을 위하여 염려하지 말라 내일 일은 내일이 염려할 것이요 한 날의 괴로움은 그날로 족하니라"(마 6:34).

친구들이여! 창조주 하나님은 사랑이시라!(요일 4:8, 16 참조) 우리는 하나님의 사랑으로 이 세상에 태어났으며…모두가 귀하고 기쁨의 자녀들이라. 이 진리를 믿을 수 없다면, 자신의 몸을 만져 보고 자기의 실체를 믿음과 같이 하나님의 존재를 믿으라! 또한 하나님의 사랑을 볼 수 없고 느낄 수 없다면, 보이지 않는 자기 사랑의 심장을 귀중히 여기듯이 심장을 지으신 하나님의 사랑을 귀히 여기고 느끼라!

친구들이여! 하나님을 사랑하는 길은, 자기를 사랑하는 길이며…자기를 사랑하는 길은, 참 빛을 향한 마음가짐이라. 참 빛은 우리 안에 살아있는 사랑의 마음이고 생명의 힘이라!

친구들이여! 영원부터 영원까지 살아 계신 하나님이 사랑으로 모든 생물을 지으신 것처럼, 우리도 사랑하는 마음으로 세상을 살아가자! 우리의 삶에서 "미움은 다툼을 일으켜도 사랑은 모든 허물을 가리느니라"(잠 10:12). "사랑에는 거짓이 없나니 악을 미워하고 선에 속하라"(롬 12:9).

친구들이여! 이웃을 사랑하자! "네 이웃 사랑하기를 네 자신과 같이 사랑하라"(레 19:18). 이것이 하나님의 온유한 마음이요, 인간에게 베푸신 자비라. 이웃은 자기를 제외한 모든 사람과 생물과 자연을 말하고…우리가 서로 사랑하는 인간적인 모습은, 서로의 형편을 헤아리고 참된 품성으로 서로의 불찰을 뉘우치는 것이라.

친구들이여! 선한 인격과 선한 말로 행동하라. 하나님은 우리를 선하게 지으셨으니…선은 하나님의 품성이라. "선한 사람은 마음에 쌓은 선에서 선을 내고 악한 자는 그 쌓은 악에서 악을 내나니 이는 마음에 가득한 것을 입으로 말함이니라"(눅 6:45).

친구들이여! 남에게 대접을 받고자 하면 먼저 남을 대접하라(마 7:12 참조). 이것이 하나님께서 사람에게 주신 예법이라. 사람의 전통을 지키려고 하나님의 가르침을 저버리지 말라(막 7:9 참조).

친구들이여! 사람에게 높임을 받는 것과 칭찬받는 일을 좋아하지 말라. 남을 비판하거나 정죄하지 말라(눅 6:37 참조). 사람이 사람을 높일 수 없으며, 사람이 사람을 죄인이라고 일컬을 수 없음이라. 오직 정죄는 이것이니…사람이 하나님을 부인하고 하나님의 영을 모독하는 것이라(막 3:29, 16:16 참조).

친구들이여! 늘 기도하라! 기도는 하나님께 정직한 마음을 이야기하는 것이라. 입술로만 꾸민 말로 자신을 포장하지 말라. 하나님께서는 우리의 혀를 만드신 분이라. 그러므로 우리의 입술이 거짓을 말하여도, 하나님은 우리의 속마음을 알고 계시리라.

친구들이여! 참 빛의 심장을 간직하라! 참 빛의 심장은 하나님의 심장이라. 참 빛은 사랑의 근원이고 우리의 기초이며 따뜻하고 밝으며 꾸밈이 없고 기쁨이 많으며…생명의 힘이라! 그러므로 참 빛은 탐욕과 교만의 세상 권세를 능히 이기리라!

친구들이여! 우리가 참 빛의 진리를 힘입어 탐욕과 교만의 세력을 이길 때에…우리 마음 안에 살아 계신 하나님의 사랑과 승리의 기쁨을 느낄 것이라. 그 외에도 하나님이 우리 마음 안에 계실 때에… 우리의 마음은 평안하게 될 것이요, 우리의 영혼은 강건함으로 단련되리라.

Christ는 앉아 있는 사람들을 일으켜 세우고 한 사람 한 사람을 포옹하며 마음속으로 작별 인사를 했다. Christ는 홀로 아쉬움에 가득 찬 아픈 마음을 가다듬고 그들의 중심에 섰으며 사람들은 꽃망울이 잎새를 펼치듯이 서로서로 손을 잡았다. 그들은 마주 잡은 손으로 언덕 위에 동그라미를 만들고 입가에 희망찬 미소를 머금으며 하늘을 우러러보았다. Christ는 이제 막 영혼의 걸음마를 시작하는 그들 가운데에서 찬란한 꽃술처럼 두 팔을 높이 쳐들고 한 사람 한 사람과 눈을 마주 보며 절규했다.

[Christ] 친구들이여! 하나님의 심장은 참 빛이며 승리의 기쁨이고 우리를 살게 하는 뛰는 심장이라!
친구들이여! 우리의 심장이 고동칠 때에, 하나님이 우리보다 앞서서 평화를 위하여 행군하고 계심을 알라!

친구들이여! 참 빛의 대열에 서서 평화의 용사가 되라!

친구들이여! 참 빛의 심장으로 승리하라!

언덕 동산에 어둠이 내려 앉았다. 혼자 남은 Christ는 언제나 그랬듯이 무릎을 꿇고 두 손을 모으며 하늘을 향해 얼굴을 들고 절절하고 안타까운 마음으로 마지막 기도를 드렸다.

[Christ] 아빠 아버지여!(막 14:36 참조) 아버지의 자녀들이, 이 땅에서 용기를 갖고 뜻깊은 삶을 살도록 힘을 주시고…땅에서 인생을 살아가는 동안 실족하지 않도록 눈동자같이 지켜 주시며…하나님의 날개 그늘 아래에 감추어(시 17:8 참조) 땅에서의 삶을 안보하여 주십시오.

아빠 아버지여! 아버지의 자녀들이, 하나님이 보이지 않아서 마음이 허탈합니다. 하물며 어떤 자녀들은 정신적, 육체적 괴로움을 위로 받고 싶어서 허망한 것을 숭배하며 의지합니다. 아빠 아버지여! 그들의 가엾고 우매한 마음을 사랑으로 치료해 주소서. 그들이 하늘의 별들과 땅의 꽃들 그리고 자신의 부모를 눈으로 직접 볼 때에, 보이지 않는 창조주 하나님의 살아 계심을 감응하고 하나님께서 베푸신 사랑을 기쁨으로 맛볼 수 있는 온전한 마음을 주십시오.

아빠 아버지여! 아버지의 자녀들이, "자기의 마음에 재앙과 고통을 깨닫고…무슨 기도나 무슨 간구를 하거든…주는 하늘에서 그들의 기도와 간구를 들으시고 그들의 일을 돌보시옵소서"(대하 6:29, 35).

아빠 아버지여! 아버지의 자녀들이, 알지 못하고 잘못을 행하거나…자기의 잘못을 알고 뉘우칠 때에…아버지의 자비로움으로 그들의 허물을 씻어 주소서. 아버지의 자녀들이 겪는 슬픈 마음을 살피시고, 눈물을 닦아 주시고, 어두운 사망의 골짜기에서 건져 주십시오.

아빠 아버지여! 아버지의 자녀들이, 세상의 욕망에 허덕이고 있습니다. 그들이 땅에서 썩어 없어질 욕망에 시달리지 않도록 영원히 소멸하지 않는 하늘의 단비를 내려 주시고, 그들이 마음의 평안함을 누리게 하소서.

아빠 아버지여! 아버지의 자녀들이, 삶의 무거운 짐

을 메고 고통을 받습니다. 그들이 감당할 수 없는 힘겨운 짐을 저에게 주시고 아버지 자녀들을 자유롭게 하소서. 아버지의 자녀들이, 얽매인 멍에를 벗고 아버지께서 지으신 아름다운 세계를 맘껏 누릴 수 있는 몸과 마음의 여유를 주십시오.

아빠 아버지여! 간구합니다! 아버지의 자녀들이, 영원히 홀로 살아 계시는 하나님을 알고 자기가 하나님의 소중한 자녀이며 영생의 존재임을 알 수 있도록 그의 영혼을 깨워 주십시오.

아빠 아버지여! 아버지의 자녀들이, 땅에서 자신을 낳아준 생부모가 하나이듯이 천지 만물의 조물주가 한 분인 사실이 불변의 이치임을 인식하게 도와주소서.

아빠 아버지여! 아버지의 자녀 중에, 하나님과 부모의 존재를 무시하고 자기만을 높이는 교만한 자녀들도 있습니다. 그들이 자신은 물론 자연과 인간 세상의 연속적 흐름을 알아차릴 수 있게끔 정신 자세에 생기를 주시고…그 흐름이 하나님의 유전자인 것을 이해하고 인정할 수 있는 겸손함을 주소서.

아빠 아버지여! 아버지의 자녀들이, 아버지를 닮은 선한 품성으로 삶을 창조하고 빛의 자녀가 되도록 그 손잡아 주십시오. 아버지의 자녀들이, 자기 안에 숨어 있는 악한 기질로 인하여 어둠의 자식이 되지 않도록 몸과 마음을 강건히 지켜주십시오.

아빠 아버지여! 아버지의 자녀들이, 자신의 언행을 진실과 거짓으로 구별할 수 있게 하시고 자기가 누리는 선택의 자유를 진리에 의하여 분별할 수 있는 슬기로움을 주소서.

아빠 아버지여! 아버지의 자녀들이, 마음이 청렴하고 정직하여 악의 시험에 들지 않으며 그의 믿음으로 의인이(합 2:4 참조) 될 때까지 인도하여 주십시오.

아빠 아버지여! 아버지의 자녀들이, 하나님을 사랑하고 이웃을 자신같이 사랑할 수 있는(마 22:37-39 참조) 온유한 마음가짐을 주십시오.

아빠 아버지여! 아버지의 자녀들이, 진리의 영을 받고 하나님이 우리와 함께 거하시며 우리 속에 계심을(요 14:17 참조) 감지할 수 있는 깨달음을 주소서.

아빠 아버지여! 아버지의 자녀들이, 세상의 강퍅한 갈증에서 벗어나고 영원히 목마르지 않는 영생의 샘물을 마시게 해 주십시오(요 4:14 참조).

아빠 아버지여! 아버지의 자녀들이, 하나님의 나라는 너희 안에 있음을(눅 17:21 참조) 체험하며 사나 죽으나 하나님 품 안의 자녀임을 느끼게 하소서.

아빠 아버지여! 아버지의 자녀들이, 삶의 어둠과 죽음의 두려움에서 벗어나고 하나님의 빛과 영원의 기쁨으로 충만하게 하시고…아버지의 자녀들을 영원불멸한 은혜와 영예로운 빛의 왕국으로 초대해 주십시오.

아빠 아버지여! 저는 이제 아버지께로 갑니다. 하늘에서나 땅에서나 아버지의 참 뜻을 이루소서! 아멘!

Christ는 마음을 다하고 뜻을 다하고 힘을 다하여(신 6:5 참조) 얼굴을 땅에 대고 엎드려 기도했다. 그의 얼굴에서 눈물과 땀이 비 오듯이 흘러내리며 메마른 땅을 적셨다.

Christ가 엎드려 있는 동산을 중심으로…하늘을 뒤덮고 있던 무거운 구름이 서서히 흩어지며 지면에 안개를 뿌리고 안개 사이사이로 여명이 어슴푸레 밝아왔다. 구름에 갇혀 있던 달과 별들이 간간이 모습을 드러내고 그 빛들은 여명과 하나로

모이며 물방울을 날렸다. 수많은 물방울이 서광에 반사되어 공중에 무지개 빛깔로 띠를 띠었다. 웅장한 고요가 바람물결을 타고 고공을 두루두루 흘렀다. 잠시 후…하늘과 땅이 나뉘며 태양은 그 벌어진 틈을 메우고 찬연하게 먼동이 트였다. 잠자던 생물들이 기지개를 켜면서 깨어나고 새벽 빛을 향하여 가늘게 눈을 떴다.

새벽 빛은 큰 하늘의 문을 열고 하늘들의 하늘을 잇따라 열며 참 빛이 우주 만물을 비추었다. 참 빛을 흡수한 하늘 바라기 생명체들은 새 아침의 힘을 얻고 새로운 기분으로 환희의 찬가를 부르며 자기의 우주를 행진했다.

Christ는 눈물을 머금고 일어나서 하늘을 향하여 두 팔을 벌렸다. 참 빛은 가까운 하늘에서 Christ의 손을 잡았고, Christ는 다른 한 손을 뻗어 온누리 사람들의 손을 잡았다.

참 빛은 궁창에서 새 공기를 소생시키며 바람을 심부름꾼으로 삼아서 하늘 바라기 생명체들에게 영혼의 소리를 심었다.

"두려워하지 말라 내가 너와 함께함이라…내가 너를 굳세게 하리라…참으로 나의 의로운 오른손으로 너를 붙들리라"(사 41:10).

Christ는 참 빛 사랑과 소망의 언약을 내리받으며 온누리 사람들 마음 안에 기쁨의 소식으로 이르게 하고, 세상 끝까지 모든 사람들 영혼에 감명으로 서리며 갈구했다.

　　"친구들이여! 참 빛 심장으로 승리하라!"

참고문헌
성경전서, 개역개정판 Agape Holy Bible
차라투스트라는 이렇게 말했다, 책세상(82, 102, 125, 274, 277, 340쪽)

Triumph with the Heart of Light!

Eunice Kim

Testimonial

Friedrich Nietzsche is a well-known figure, with his influence extending to every young person of his time, many of whom have found comfort in his teachings while facing life's challenges. He rejected the dominant religions, philosophies, and ethics of the Western world, famously stating "God is dead." In a world without a higher power, Nietzsche advocated for the creation of a "superhuman" who could embrace life with an enduring spirit and love the present as if it were everlasting, ultimately transcending the emptiness of human existence. In a godless world, Nietzsche's writings naturally lead readers away from the Christian God, as he suggests that self-reliance becomes paramount.

Eunice Kim's writing skillfully delves into Nietzsche's mindset, presenting a man who would have sought a larger-than-life persona but grappled with his own isolation. He emphasized love and faithfulness to reality to combat feelings of emptiness, yet wandered alone in the depths of the night. Eunice illustrates Nietzsche emerging from his figurative cave, experiencing the light of the world through a profound conversation with Jesus Christ. Lastly, in Nietzsche's own voice, Eunice portrays him expressing hope for a new life in heaven and confessing his joy at being reborn as a child of God.

It has been well over a century since Nietzsche died, but his influence continues to shape the lives of many. The existential struggle experienced by individuals who fail to find purpose, whether they are brilliant philosophers like Nietzsche or ordinary people dealing with the challenges of everyday life, remains the same. This book offers a glimpse into the search for meaning in life. It resonates with anyone grappling with the true essence of existence, offering solace to those enduring sleepless nights during dark times. I wonder what Nietzsche's thoughts would be if he were to read this book. Could he, who met such a tragic end, have found solace in the true light of heaven? If Nietzsche could, then any reader can find the radiant light of life within this book.

Dr. Eung-Ryul Ryoo

Theology Ph.D., Professor,

Senior Pastor, Korean Central Presbyterian Church, and

Visiting Professor, Gordon-Conwell Theological Seminary

Preface

This novel, "Triumph with the Heart of Light!", chronicles my quest to discover the freedom of my heart and the inner universe of my soul.

At the beginning of my journey to find freedom, I encountered my initial work, "Let there be light and darkness," where I confronted my light and darkness, my good side and my dark side. The harmony between these opposing forces inspired my subsequent creation, "Where Were You in the Beginning," which served as a reflection on my origins. It revealed my profound connection to ancient myths of the world's beginning and the creation of the cosmos. These myths provided comfort and guidance, akin to an umbilical cord, assuring me that the solution lay in "Triumph with the Heart of Light!", which became the starting point for my third work.

The essence of my life and the existence of my soul were revealed to me as a coexistence within infinite space, energy, balance, rebirth, and infinity. I sought to understand the reasons behind my existence.

Initially, I was curious about my ancestry, then about the natural world around me, followed by a desire to comprehend the force governing all in the Infinite. Eventually, I longed to meet the individual who could introduce me to these extraordinary movements and mediate between them. In the depths of my yearning, I was fortunate to encounter him.

He enlightened me about the cave of sin in which I was ensnared, the contrast between the poverty of the virtuous and the prosperity of the wicked, the dream of an eternal existence in heaven, the vastness of the universe of heaven, and the small universe of my soul. He also revealed the concept of the Heart of the True Light and affirmed that I was a cherished child of the True Light.

He serves as the intermediary between the True Light and myself, a mere mortal.

He disclosed the identity of the True Light, conveying that it illuminates the small universe of my soul, marking the seasons, nurturing me through each phase, and safeguarding my soul. He assured me that the True Light has been present within the small universe of my soul from the beginning of time and will endure for all eternity.

He showed me that he was always holding my hand so that I would not stumble into the valley of darkness. He showed me how to put on the full armor of the true light and become a warrior of light.

This novel, "Triumph with the Heart of Light!", is the sound of my heart and my little space in the universe where I taste the light of my soul and the joy of rest, freedom, and victory.

May all who read this, to the ends of the earth, know that they are a part of the universe. Know their preciousness, love their precious universe, and revel in their freedom with a heart of light in their hearts.

Eunice Kim

June 2024

contents

Testimonial Dr. Eung-Ryul Ryoo
　　　　　　Theology Ph.D., Professor, Senior Pastor, Korean
　　　　　　Central Presbyterian Church, and Visiting Professor,
　　　　　　Gordon-Conwell Theological Seminary ··· 132
Preface ··· 135

Part I To My Friend

　　Chapter 1: Friend, Who Are You
　　　　　　　Descended From? ǀ 142
　　Chapter 2: The World of Nature and
　　　　　　　Unknown gods! ǀ 154
　　Chapter 3: Friends, Come Out of the Cave
　　　　　　　of Sin! ǀ 167

Part II My Universe, Rise Through the Darkness!

　　Chapter 1: The Journey of Daniel's Small
　　　　　　　Universe ǀ 182

Chapter 2: God, Where Are You? | 194
– Why Do You Ignore Evil?
Chapter 3: What Exactly is Heaven? | 215

Part III Armies of Light and Dark

Chapter 1: Warriors of Light | 232
– God's Full Armor
Chapter 2: Solitary Tears of a General | 252
– Friends! Let Us Triumph with the
Heart of Light!

Part I

To My Friend

Chapter 1: Friend, Who Are You Descended From?
Chapter 2: The World of Nature and Unknown gods!
Chapter 3: Friends, Come Out of the Cave of Sin!

Chapter 1

Friend, Who Are You Descended From?

[Christ] Friend, are you happy with your life?

[Zara] Sometimes I am happy and full of joy, while at other times I am unhappy and sad. I almost always oscillate between happiness and unhappiness.

[Christ] What is the meaning of happiness and the reasons for unhappiness in life?

Some time ago, two young men randomly met on a hillside that overlooked a beautiful lake. Both of them were lost in their own thoughts when they coincidentally made eye contact and were drawn to each other. Feeling a connection, they reached out and shook hands, thus initiating their friendship. They exchanged their names, talked about their past experiences, and shared their opinions on various topics with each other every day.

On that day, two young men sat on a rock on the hillside, gazing at the blue sky and taking in the fresh breeze. They meditated, allowing the sky and breeze to fill their bodies and minds. Afterward, they took turns singing songs of joy and appreciating the beauty of nature surrounding them.

[Christ] Oh heaven! Oh heaven! You embrace humanity with your infinite bosom! Do you speak of eternity with your wide embrace?

Do you tell me that I am a child in your arms, whether I live or die, wherever and whenever, through the rainbows you embroider in the clouds?

[Zara] Oh heavenly source of truth, do you always show

the transcendence of time and space above my head? Do you circle endlessly, revealing the true principles of the heavenly bodies?

[Christ] You, refreshing breeze, where do you come from? You inspire faith, hope, and love, and calm my heart with your gentle touch.

[Zara] Wind, you who possess the power of will within your gentle being, are you trying to convey to me the source of the will to live?

Did you come from the origin of the universe's values and philosophies?

Is it a distant and lofty place that touches my heart? Wind, does your origin lie there as well?

The two young men sang with overflowing joy in their hearts and smiled at each other.

[Christ] I've always felt this way alone··· and now that I have you as a friend, I'm even happier.

[Zara] Me too!

[Christ] Friend! Can you hear the voice of the wind?

[Zara] It's the sound that reminds me of my existence and fills me with hope and the desire to live.

[Christ] Yes, the voice of the wind has a calming effect on my heart and brings me peace.

[Zara] But have you ever felt frightened and helpless when the wind starts to create a storm?

[Christ] Of course I have experienced that feeling. But I believe that such moments can also help us reflect on ourselves and help us grow. Although the wind may be frightening at the moment, it will pass. Such experiences remind us of the power of nature and the importance of being present in the moment.

[Zara] You mentioned spending many long days in the wilderness. What was it like there, my friend?

[Christ] When I grew up and became a young man, I was tormented because I did not know why I was born in this world, nor did I know anything about the world in which I was to live. I wanted to know myself, and I wanted to know the origin, foundation, and truth of the creation of all living things in heaven and on earth.

To mediate the many things I wanted to know, I went to a desolate, uninhabited, vast wilderness where there was an atmosphere of silence and tranquility that made my body and mind into a primitive savage. I spent many days without any thoughts, mindlessly following the movement of the sky and nature. Then, one day, I felt myself flowing with the repetitive phenomena of the sky and nature. My exhausted soul was slowly rejuvenated by the flow of the repetitive and cyclical sights of the sky and nature; I began to ask questions.

As I pondered over questions like 'Where did I come from?' and 'Why am I here?', I was forced to confront the very beginning of my existence and its causes. As I delved deeper into my thoughts, I realized that my visible body and my invisible soul worked together but in different ways. While my body responded to the energy of my soul, my soul seemed to derive its energy from an unseen and incomprehensible source. This vague understanding of the fundamental principles of my soul came to me gradually, in bits and pieces, during long days of solitude and hardship.

[Zara] Can you please clarify what you mean by hardship?

[Christ] At first, I was starving and overcome with loneliness. My emotions were erratic, and I couldn't sleep. My empty stomach and poverty of spirit caused me to hallucinate.

At times, I would be haunted by terrifying nightmares that would leave me feeling oppressed and anxious. I would desperately try to escape the situation, but often felt exhausted and helpless. During one particularly vivid nightmare, my consciousness was blurred, and I saw a monstrous figure resembling the devil asking me a haunting question: 'Whose child, are you?'···

Christ looked up at the sky and asked Zara.

[Christ] My friend, who are you? Friend, from whom are you descended?

Zara appeared to be deep in thought and after a moment of contemplation, he spoke up.

[Zara] The reason I retreated from the outside world and retreated into solitude was to uncover the enigmatic mystery of my existence and origin.

[Christ] So, did you solve this mystery while living in a cave?

[Zara] No, I was immature back then. I was feeling sad, angry, and disappointed with the world and the people around me. I felt like they didn't understand my ideal world. So, I decided to go up to the mountain and meditate in a cave where nobody could disturb me. I wanted to gain wisdom about life and my fundamental relationship with nature and heaven.

In the beginning, living in the cave gave me a feeling of boundless freedom. However, with each passing day, my sense of isolation and alienation deepened, and I began to feel a sense of dread in the dark. The cave was always dark, whether my eyes were open or closed. The lack of light made me accustomed to the darkness, which eventually distorted my perception of reality. The gloomy surroundings of the cave made me feel a sense of denial, rebellion, and depression towards the world, which led me into a void of nothingness. As time went by, my mind grew more and more uncomfortable and impatient, and I lost my curiosity about the cave. It was then that I realized that human beings are not meant to live alone, and I thought, 'Perhaps the true wisdom of life is not gained by traveling to new places, but rather by maturing one's mind.' With this realization, I left the cave and returned to the real world.

I am currently on a journey to discover my true self and understand my place in the world. I am pursuing knowledge and wisdom, and aim to live a faithful life. Eventually, I hope to unravel the mystery of my origins and lineage.

The two young men breathed in the clear air as they watched the surroundings relax. Two fishing boats came into the harbor at the bottom of the hill. One boat was full of fish, and the other had almost no fish. The two young men walked down the mountain and talked to the fishermen.

[Christ] How was today's fishing?

[Fisherman 1] We are enjoying the joy of a full catch.

[Fisherman 2] We were screwed today. There were very few fish. Damn, the gods are angry with us today because we didn't perform the ancestral rites this morning.

Zara could not understand how the ancestral gods had anything to do with fishing.

[Zara] Well, what can I say? Could it be that you didn't read the flow of the fish well?

[Fisherman 2] What? If you don't know anything about fishing, please refrain from commenting! I've been a fisherman since birth and have spent my entire life surrounded by the sea. Therefore, I am familiar with the movement of fish and waves. Can you imagine the hopelessness and desperation of a fisherman who has nothing to feed his family?

The fishermen walked away, offended, as they glared at Zara. Christ felt pity for the helpless fisherman's backside as he trudged away, shaking his head.

At dawn the following day, Christ went to the lake and asked Fisherman 2, whom he had met the previous day, for a favor.

[Christ] My friend, would you allow me to fish with you?

[Fisherman 2] Sure, but it won't be enjoyable. I'm the one who has no luck catching fish.

The fishing boat proceeded cautiously through the calm morning waters. The rising sun cast a golden glow on the water, causing it to sway and ripple softly. The peacefulness of the morning was disturbed only by the gentle lapping of the water against the boat's hull, which caused the fish to peek out curiously from beneath the waves. The fisherman whispered nervously to his brother.

[Fisherman 2] Hurry up and drop the net!

The two fisherman brothers waited patiently for hours until they finally spotted a school of fish. Their scales glimmered in the morning light as they swam towards the net. The brothers held their breaths and started to steadily reel in the net, bit by bit. Filled with excitement, their calloused hands trembled with anticipation. As they finally drew the net in, the brothers let out a breath of relief.

The fishing boat returned to port, filled with fish. The older fisherman stood beside his brother, speaking to Christ, now at peace.

[Fisherman 2] Hi, I'm Peter and this is my brother, Andy. May I know your name?

[Christ] I'm Christ.

[Peter] Hello Christ, would you like to come to my house for dinner tonight?

[Christ] Thank you. By the way, do you mind if I bring my friend Zara along with me?

[Peter] Of course!

The fishermen walked up the hill cheerfully, humming a tune and carrying sacks of fish on their shoulders. Christ ascended the hill with light steps as well.

Chapter 2
The World of Nature and Unknown gods!

The home of the two fishermen brothers was filled with activity as neighbors gathered together. The men were cooking fish over an open flame while the women were baking bread and desserts. The children were playing joyfully. Peter introduced his family to the guests, and everyone exchanged greetings with happy smiles. Christ and Zara also joined in and exchanged greetings with everyone.

[Peter]   Hello everyone! We had an amazing day fishing, and caught more fish than we have in a long time. We would like to share our joy with our neighbors by hosting a feast at our house.

[Andy] We welcome you all to come and enjoy lots of good food and have a great time.

[Everyone] Let's raise a toast to our fellow fishermen!

After finishing their meals and drinks, the entire group sat in a circle and engaged in conversation. Meanwhile, a group of women, led by Peter's mother, gathered around a well in the courtyard and meticulously prepared a food table to offer to their ancestral gods. The full moon cast a warm glow over the courtyard, while Peter's mother knelt in front of the table, clasped her palms together, and looked up at the moon in prayer and supplication.

[Peter's mother] Oh gods of heaven! We thank you for letting our family eat well tonight. Please bless us with plenty of food in the future.

The other women joined in and looked up into the

moonlight, clasping their hands in prayer. They performed the ritual for a long time, rubbing their hands together and bowing down.

After completing the ancestral rites, the women returned to the courtyard where they joined the lively conversation.

[Peter] Since our mother has offered a sacrifice, don't you think the gods will bless us with plenty of fish tomorrow?

[Christ] I hope your mother's sincere heart has reached God.

[Zara] If you rely on your own abilities and work hard instead of depending on countless gods you don't even know, wouldn't it give you confidence and pride in life?

Peter appeared visibly intimidated by Zara's comment. He blushed red and glared at him while clenching his fists. Suddenly, a young girl named Maria 1 intervened, flashing a bright and cheerful smile that diffused the tense situation and prevented a potential fight. Maria 1 was known for her unwavering faith in God and positive attitude. (It's worth noting that there were other women in the village with the same name, Maria. To avoid any confusion, we will refer to this particular girl as Maria 1).

> [Maria 1] We are all children of God, so it's not right for brothers and sisters to fight!

A quiet young man named Judah jumped out of his seat upon seeing this scene.

> [Judah] If you haven't seen God with your own eyes, don't speak as if you have, Maria!

As the conversation progressed around the table, people began to stare at each other and split into three or four different groups, sitting apart from the others. Some of those present believed strongly in God and looked to Him for guidance and support, while others praised all the gods they could think of, both known and unknown. There were also some who didn't believe in any gods at all, and still others who were indifferent to the question of whether gods existed or not.

> **[Peter]** I believe that anyone who can provide enough food for my family is a savior to me. It doesn't matter if the person who helps me is God, a legendary figure, the sun, the moon, the Holy Spirit, or anyone else. What's important is that their assistance improves my life situation, even if I am unable to see it with my own eyes.

As Peter spoke, his family and fellow worshipers of the gods agreed with his words. Suddenly, a woman with unfocused eyes, foaming mouth, and twitching face stepped forward. Her name was Maria 2 and she was known to be a shaman who performed exorcisms for money and served ghosts. Despite sharing the same name as Maria 1, a believer in God, Maria 2 worshipped different spirits. She waved her arms and called upon these spirits to aid her.

[Maria 2] Oh my gods! Please show me a miracle for the poor!

Maria 2 threw her arms up, shook her body, rolled her eyes back, and threw her head back. Some of the onlookers watched her strange movements eagerly, hoping to see something extraordinary. However, those who didn't believe in ghosts turned away, frowning. In an attempt to meet the spectators' expectations, Maria 2 squirmed and cursed even more, but despite her desperate efforts, no miracle occurred. She clawed and bit her own body in agony. Christ, who had been observing her behavior, stood up from his seat, took her by the shoulders, and implored her to calm down.

[Christ] Wake up Maria, return to yourself!

All of a sudden, her seizure came to a halt, and she opened her eyes abruptly.

Zara watched the scene unfold before him, stood up, and called out to everyone present.

[Zara] Listen up, it's time to face reality and stop relying on the ghost of an unknown person to make miracles happen. Don't waste your time on false hopes and illusions.

Despite Zara's words, most people didn't react or understand his meaning. However, a few curious individuals were excitedly looking back and forth between Christ and Maria 2, trying to determine who had more super magic power. They believed that Christ possessed even more incredible superpowers than Maria. Some even moved their seats to get a closer look at Christ's magical abilities.

Christ spoke softly to everyone.

[Christ] Friends, look at the stars shining in the sky. Look at all the creatures under the heavens. And look at yourselves. What you see and feel because you exist is all part of a miracle.

Miracles are not a result of selfish desires or the invocation of spirits of the deceased. They are present in our surroundings, and everything that exists in the heavens and the earth, including human beings, is a miracle and an expression of love. Whether we can perceive them or not, miracles are all around us.

The bond of love is an immensely powerful force that connects everything in the universe, including human life. Even though life can feel overwhelming at times, it is crucial to remember that joy and difficulty coexist in our lives, just as day and night coexist. It's through these contrasting experiences that we learn, grow, and gain a deeper understanding of ourselves and the world around us.

Just as trees grow and form rings from year to year, we humans are born and grow. The moon, which gives us dreams, waxes and wanes as it revolves around itself. In this way, we live in harmony with all things in the universe. Although we may experience difficult calamities caused by the changes in the heavens and the earth, we may also feel hopeful and rejoice in the brilliant colors of the seasons.

Furthermore, the air we breathe, the beauty of nature, and the infinite vastness of the universe are all precious gifts bestowed upon us since the dawn of time. They serve as a symbol of love and provide us with protection throughout our existence, giving our lives meaning and purpose. These magnificent gifts are available to us free of cost and should be cherished.

Friends, live a beautiful life in a beautiful land. Cherish the present, feel the truth of light and darkness, love yourself and your neighbor.

Friends, as long as you live, miracles will surround you.

[Zara] O people, release yourself from illusions of the afterlife and human ghosts. Treasure the earth and create your own values!

Once again, nobody paid attention to Zara's words. Judah met with Christ and Maria 1 looked desolate.

[Judah] A miracle is not always something visible. He believed that true miracles are events that suddenly appear before our eyes, things that were previously invisible to us. For instance, a dead man appearing before us and speaking to us, or gold and silver treasures falling from the sky, or some other strange and inexplicable occurrence. Since no one can reliably show us a miracle, we attempt to experience it by hearing the words of a deceased person through the mouth of a shaman.

[Zara] Judah, have you ever felt that a possessed shaman speaks her mind? Don't you find her strange writhing unnerving? Your excessive curiosity may make you sick. Instead of hoping for an absurd miracle, if you listen to and respect the voice of your heart, and take an interest in natural changes, your life will be pure, rewarding, and full of hope.

[Judah] I am not worried about the fickleness of my own mind or the natural phenomena that change on their own. My only interest lies in the future, and I am eager to know what it holds. I seek to learn about my destiny through the divination of the gods worshipped by the shaman, so that I can take action and shape my life in the way I desire.

After Judah spoke, some people clapped in agreement. Maria 2 appeared with a smile.

[Maria 2] That's right, Judah! Worship my gods and they'll give you the fortune you want.
[Zara] Maria! If you release yourself from the grip of haunted souls, you'll find happiness.
[Maria 2] Zara! You are cursed by my gods!

Upon glaring at each other with contempt, Maria 1 stood

up and exclaimed,

[Maria 1] Gentlemen, I hear the voice of God and see the kingdom of heaven!

Everyone looked at Maria 1 in amazement. Their minds wavered between doubt and belief as they anxiously waited for her next words.

[Maria 1] I hear the voice of my heart, and I see my dreamland. The voice of my heart is the voice of God, and the land of my dreams is the Kingdom of Heaven where all my friends' stars shine brightly.

Many people at the event were disappointed with Maria 1's ramblings, as they were expecting something extraordinary from her. However, Daniel, a young man sitting far away, felt intrigued and curious about Maria 1. He patiently waited for her to share her unique and fresh perspective, but Maria 1 just smiled slightly and didn't say anything more. Eventually, one by one, the tired audience members got up from their seats, exchanged pleasantries, and went their separate ways.

Chapter 3

Friends, Come Out of the Cave of Sin!

The following day, a considerable number of individuals assembled on a hill by the lake. The majority of them, regardless of their age, sat around Christ and Zara with eager interest, hoping to gain some valuable insights for their daily lives. However, a few members of the crowd were wary of Christ and Zara, keeping a watchful eye on them.

The sky was a clear blue, without a single cloud, and the land beneath it looked up with adoration. The surface of the lake was calm, and it appeared to be smiling softly. People on the hills were surrounded by greenery, as fresh grass was sprouting around them. They breathed in the clean breeze and opened their hearts to Christ and Zara.

Maria 1 was sitting in the front row, her eyes sparkling with excitement. She was determined not to miss a single word of Christ's speech. As he spoke, he looked not only at Maria 1's shining eyes but also at Daniel, who was sitting at a distance, and at all those gathered on the hill.

[Christ] Dear friends, let us celebrate and be joyful! Today, let us live with the innocence and wonder of a child. We are all created in the image of truth and love, and our very purpose is to give and receive these precious gifts. Truth surrounds us like the vast universe and love is a gentle and compassionate aura that we can feel even though we cannot see it. Therefore, let us love ourselves and our neighbors equally, for this is the path to righteousness and the highest of all virtues.

Zara spoke from his heart, honoring and carrying on

Christ's words, standing next to him.

[Zara] My dear brothers, let us cherish this earth that we call home. If we devote ourselves to it, love our virtues, and show love and compassion to those around us, our lives will be happy and we shall make this world a better place.

[Christ] Friends! Be cautious not to display your righteousness in front of others with the intention of seeking attention from them. [Matthew 6:1]. The true righteousness in your heart will not brag, show off, or seek authority or honor.

[Zara] Let us humbly strive to be righteous and grateful for all things.

[Christ] At the beginning, light was created in the midst of chaos, void, and darkness and humanity was given dominion over all things. [Genesis 1:2-3]. Therefore, shape your life as the master of all creation.

[Zara] Dear brothers, if we find a purpose in life that is

in harmony with Mother Earth, if we overcome our limitations, uncover our true selves and shape our own destiny through sheer willpower, we will soon realize that life is truly worth living.

[Christ] Friends! Let us give thanks and praise that we are blessed to be born in a land of opportunity where the light of life guides our souls to the path of eternal life.

[Zara] Brothers! Life is the fountain from which joy springs. The earth is the playground where we lead a healthy life and the learning center where we experience the bliss of body and soul.

[Christ] Friends! Free your soul! Let your souls be liberated from all the burdens and constraints. As we all know, the freedom of our souls is the unconditional love of God that has been bestowed upon us since the very beginning of our existence. This love is free to thrive in the boundless laws of nature, and therefore, it is essential to understand the real truth of this world, the heavenly grounds, and the currents that nourish all living beings. Once you have understood all this, you will realize that your soul and heart are pure, righteous, and free from any kind of distress and negativity.

[Zara] My brothers! Living in harmony with the natural order and being content with our daily lives will free our souls.

[Christ] Friends! When you feel troubled, please remember that there are two opposing minds within you. You should use the power of your good heart to distinguish between justice and injustice. Instead of being concerned with the faults of others, let your own conscience guide you. Allow others to learn from their own conscience and adjust their hearts through their own remorse.

If someone has done something shameful, it is important not to hide in the darkness, cover it up or justify it. Instead, it is crucial to take care of your body and mind with wisdom. The foundation of wisdom lies in understanding the true nature of one's soul, believing in one's existence, loving one's life, and acting in accordance with right thinking. What sets humans apart from animals is our ability to correct our own misbehavior, strive for a better life than the previous day, and distinguish between good and evil with a sense of duty and truth.

Living our lives by the principles of justice ensures that the light always remains within us. This light replaces the dreadful bondage of sin, judgment, and death with the freedom of life and the grace of hope. Fear is a natural consequence of this, as temptation has been present since the beginning of time, entering the innocent heart of man and sowing the seed of doubt. It sprouts the bud of greed, brings forth the fruit of shame under the name of 'sin,' and binds the flesh of man to the vine of 'judgment,' which has, until now, held sovereignty in the heart of man.

Friends, I implore you to break free from the confines of sin and the trap of judgement.

Firstly, it's important to recognize, respect, follow, and have faith in your own source of guidance. Obedience is not an act of submission, a command, or a sacrifice, it's an act of love towards your own source of guidance. This will help you overcome the temptations, doubts, and greed that have taken hold of you, and allow you to regain the purity of your heart. You will be liberated from the chains of sin and burden. Your doubts will turn into faith, negativity into positivity, hatred into love, fear into hope, and darkness into light. Because we are light, and we are who we are!

Friends! Let us strive to be a free people who are deserving of the true Light.

The word 'freedom' has many meanings, but

the most important one is the sense of mission it provides us with towards the Light. This sense of mission means that we understand why we were born into this world, we take responsibility for our own lives, and we honor our parents. Disrespecting our parents is not something to be proud of, it is a blasphemy against God. We should not use the concept of freedom as an excuse to test the mercy of God. Let us live our lives with courtesy and a sense of duty to the Light. By doing so, we will be enlightened and our past transgressions will be covered with love, allowing us to be reborn. When we are reborn of the Light, we will truly embrace our true selves.

[Zara] My brothers, be cautious of the deceitful tactics employed by the wicked, who aim to enslave people by using false gods and the promise of an afterlife. The wicked are ignorant of the truth about human sin, judgment, and death, and they fear their own mortality, sinfulness, and the judgment that awaits them.

Brothers, why are we still judged for the sins of our ancestors? Who decides what is a sin and what is not? What is considered good or bad varies among different cultures and nations, and what one nation may consider a sin, another may consider an honor. Therefore, we must question the root of these common labels, such as sin and judgment, that have been passed down through generations. Once we discover the truth, we can shed the label of sinner and embrace our freedom.

[Christ] Friends! Do not follow the advice of evil people, and do not walk in their path! [Psalm 1:1 and Proverbs 4:14]. If we follow the advice of wicked people and walk in the path of darkness, we will stumble. However, if we walk in the path of light, we will walk smoothly. The light illuminates our hearts and guides us through both the good and bad times.

[Zara]   My brothers, be cautious of the misleading nature of temptation. It arises from excessive greed and pride, and can bind our bodies and minds with false illusions, leading us to sickness and darkness. However, a healthy body and strong willpower can help us overcome these insidious temptations that disrupt our souls and bring back the light.

[Christ]   Friends! Let us remember that our Father in Heaven is the one who holds our hearts. He is a steadfast and righteous presence, always there for us with kindness and compassion. He never breaks his promises and takes care of us with great zeal, like the dawn's light. If we strive to imitate the heart of our Father, we can enjoy peaceful days on this earth.

[Zara]   Brothers! We are born with a divine light within us, and we have the power to shape our own destinies.

[Christ]   Friends! Our souls are a part of the vast universe.

We are unique individuals in relation to the greater universe, each of us representing an equal and wondrous little universe. Each person's little universe is eternal, sacred, precious, and beautiful. Therefore, love and cherish your little universe, take responsibility for its protection with faith, and don't be afraid of death!

Friends! The heavens, even the highest heavens, belong to the LORD, your God, as well as the earth and everything on it. [Deuteronomy 10:14]. Keep Our small soul universe will accompany the infinite and vast universe, which is imperishable and beyond time. As we journey through the universe, we will encounter light, and the true light will set our souls free from the fear of death. Therefore, it is not right to worship man-made idols as gods. It is foolish to trust in one's own creation, a god who cannot even speak! [Habakkuk 2:18].

[Zara] Brothers, stay away from the idolaters who seek

power and wealth through deceit and create chaos in society. They promote false idols that instill a fear of death and trick people into paying for entrance to heaven. Instead, we should focus on living a fulfilling life and not worry about what happens after death. Let us love and cherish our present life, and if we do end up in an afterlife, we can think about it then.

[Christ] Friends! Can you direct the constellations through the seasons or guide the Bear with her cubs across the heavens? [Job 38:32]. Just as the stars maintain their courses in their own universe, we should also maintain our own uniqueness and let our balance of light and darkness flow as our axis in our little universe. This way, the present moment will lead to an eternity where there is no time or date.

Friends! Our souls will forever hold the glorious heavenly kingdom of our dreams, just as the sun rises and sets.

[Zara] Brothers! Just as the river flows and flows and eventually returns to its source, should we not also follow this principle and return to our own source? Just as we were born in the beginning at our source, death should be our accomplishment and return to our source and the hope of new birth.

[Christ] Friends! I will tell you the way of eternal life, which is the truth of the world… 'He who has ears to hear, let him hear'- [Mark 4:9].

The words of Christ and Zara reverberated through the crowd incessantly, touching the depths of their souls and bringing about a positive change in their expressions. The people's eyes were liberated from the shackles of fear and radiated with a newfound sense of hope. Christ's voice was gentle yet powerful as he spoke to them.

[Christ] Friends! O you who walk in the truth!
Let your light shine!

Part II

My Universe, Rise Through the Darkness!

Chapter 1: The Journey of Daniel's Small Universe

Chapter 2: God, Where Are You?
- Why Do You Ignore Evil?

Chapter 3: What Exactly is Heaven?

Chapter 1

The Journey of Daniel's Small Universe

As Christ delivered his messages, the people sitting on the hillside by the lake closed their eyes and bowed their heads, one by one. They were touched by a sense of gentle, unwavering love and truth, and were moved by his words. They aspired to create their own unique universe, to shine in their own way, and to retreat into themselves.

Among them, there was a young man who sat alone and bowed his head. His name is Daniel, and he is a young man who has just shed his boyhood, but has a strong heart and an innocent soul. Daniel was fascinated by the "small universe" that Christ had revealed to him.

[Daniel]   I will explore my small universe!

Daniel closed his eyes tightly and focused his mind. For a moment, he felt tense, but soon he felt drowsy and his body went limp as he drifted into a dreamlike state. After a while, he saw a small garden in the distance. He couldn't tell if it was a dream or reality, but the blurry garden came closer and became clearer, transforming into something fantastic like a Grimm's fairy tale. Daniel was surprised, frightened, and thrilled to see his garden. He stepped into the garden and found his primal self and began talking to himself one-on-one.

- "There's another me living here who looks exactly like me. But why is this other me naked? Isn't it embarrassing? ⋯"
- "No! I am not ashamed, for this is my own garden."
Daniel looked around. There was not a soul in sight.
- "There is no one here. Aren't you lonely?"

- "No! I am not lonely, for I have the blue sky, the green trees and plants, the birds and the flowers of the stars, and the clear streams for company…"

The garden was not very large, but it was abundant. As Daniel looked around the garden, he felt like his naked body merged with it and became a part of it. He felt relaxed and at peace, and he lay down in a comfortable position. A fruit tree stood on one side of the garden, its branches heavy with delicious fruit, providing shade. Daniel rested under the tree's shade, feeling a sense of comfort and freedom. The stream that flowed through the garden blended with the birds' chirping, creating a harmonious melody. He admired the birds' grace and whispered to himself,

"Beautiful! Peaceful!"

A gentle breeze swept over the mountains. A petal danced in the wind, brushed against his cheek, and whispered,

"Master of the Garden, how lovely to see you!"

Daniel felt a sense of satisfaction and responsibility as the owner of the garden. He stood up and walked through it, naming and calling each creature he encountered. He greeted the living creatures of the garden by name and rejoiced with them.

"Hello, my friends! I'm glad to see you!"

Warm sunlight streamed into the garden. The sleeping creatures, trees, flowers, and birds stirred, lifted their faces to the sun, and waved. Daniel was overwhelmed with a sense of infinite fulfillment.

- "Is this··· paradise?"
- "Yes, this is a paradise where I am alone, where there is no pain, no sorrow, no worry."
- "So··· am I the only one who owns this garden?"
- "Sure!"

- "Do people all have their own garden?"

- "Of course!"

- "Is it possible that someone has a bigger, more colorful, richer, and very fine garden than mine?"

- "Maybe, maybe not, because people have different ideas about their possessions, different standards of value, and different levels of satisfaction…"

- "Still… I like to see how much difference there is between other people's gardens and mine, but… what do I do if I feel envious and jealous because someone's garden looks better than mine."

- "If I desire my neighbor's garden, my heart will be overwhelmed with greed and discontent. I will feel frustrated, bitter, rebellious, offended, and my heart will be shrouded in darkness. If the darkness in my heart expands more than the light, the living creatures in my own garden will suffer. They need the right balance of light and darkness to grow and transform properly. So, before coveting other neighbor's garden, I must cherish my own garden and care for it with proper attention."

- "But if I rule and tend my garden as I please, my garden will be better than anyone else's, and I will have the satisfaction."

- "No! You must not rule, you must love!"

- "What is the difference between ruling and loving?"

- "To rule is to control and dominate through force; to love is to cherish and honor with kindness and compassion."

- "But⋯what if the living creatures in the garden do not listen to me?"

- "You must be patient⋯you must understand and care for them!"

- "If I become impatient, I may lose my temper and start hating my garden before truly understanding it."

- "If I allow myself to hate my garden, it will not be able to thrive and may fall into darkness."

- "If my garden becomes engulfed in darkness, will I cease to exist in this world?"

- "Well⋯"

- "Maybe⋯ there are other worlds in the dark? ⋯"

- "Maybe⋯"

- "What does the dark world look like? ···"

Daniel was consumed by uncontrollable curiosity, impulsive and desires, He felt inadequate and oppressed, unable to do what he pleased with everything in the garden. He longed to be the envy of others and have a garden that was not like anyone else's. However, he struggled to deal with controlling commands with respectful love and didn't understand why he should suppress his anger. He wanted to explore the dark world, to see if it was really as bad as people made it out to be. Perhaps it was better than the demanding world of light, with excessive admonitions to obey and limited freedom. Sometimes, he found comfort in the darkness of the night rather than the brightness of the day.

He soon found himself murmuring with a strange sense of pleasure at the unknown that stood out in the darkness. He thought to himself,

- "My authority would prevail in a world of darkness. I would rule the creatures of the garden as I pleased, and they would obey me. Then my heart would be satisfied, and if I were happy as Lord of the Garden, wouldn't that be heaven?"

- "Then, my desire for power and dominance will take over, and I will want to possess more and more. I will indulge in selfish arrogance, and nothing will please me. In the end, my garden will turn into a hell of discontent."

- "You never know! Why worry in advance? Even if I am not satisfied with my garden, I am still the master of my own garden, even if it turns into a hell. Who decided to separate heaven and hell and make such oppressive rules anyway?"

- "The universe operates in a peaceful order, but our hearts are not always as serene as the universe. Our hearts can sometimes become heavenly or hellish depending on the state of our mind at any given moment. Our minds are subject to change from time to time, based on our moods and thoughts. As we experience life, we go back and forth between heaven and hell in our hearts, and this process helps us mature and keep pace with the other stars."

Daniel was impressed by the calm and humble demeanor

his primal self-possessed, but he was also feeling angry. He paced back and forth, fidgeting with his chin, lost in thought. His worries were beginning to weigh on him, and he wished someone could take them away. In defiance, he looked up at the sky, which suddenly split in two and turned black. The garden around him began to spin, and he felt himself falling. He desperately clung to the branches of a nearby fruit tree, feeling dizzy and frightened. Eventually, he lost his grip and fell into a muddy pit.

His garden lost its light and shrank ever smaller as the wind died down, the streams dried up, the petals of the flowers bruised, the birds stopped fluttering… and his body was clothed in rags.

Daniel was in pain: his body ached, his head ached, and he felt terrible. Worst of all, he was nervous that someone would see him in the shabby garden and his unkempt appearance.

- "Where am I?"

- "Hell! My garden has become a hell."

- "Why do you keep saying hell? Hell is··· where you are punished for the sins you committed while you were alive! ··· Why? What have I done?"

- "Since I am not satisfied with my world as it is, my greed, pride, and temptation has taken over me. So, I have turned to darkness; my garden has become a dark world that reflects where my heart truly lies."

- "I only want to explore the darkness, not hell!"

- "Darkness is hell."

- "Don't talk nonsense! I just want to leave this painful place!"

- "This garden represents myself. As I said, when I think bright thoughts of positivity and contentment, I am in heaven··· and when I think dark thoughts of negativity and discontent, I am in hell!"

- "I don't understand! Aren't heaven and hell two different places?"

- "No! Even though you are alive, you are in hell right now because that is your state of mind right now.If you wish to escape this place of despair, you must resist the temptation of darkness and instead conquer it with the power of righteousness and light."

Daniel crouched down and thought hard; then, with a firm grip on his mind, he sprang to his feet. He stood upside down in the middle of the garden, hung the deflated garden over his shoulder, stood upright again, and began to run toward the sky. The sky was just as round whether he stood upright or upside down, but Daniel ran with all his might, shouting

"Awake, my garden! Arise from the darkness. I love you!"

The garden started to spin slowly towards the crash site. Daniel ran through the air, and the garden spun faster and faster around the beam of light. Eventually, the sky cleared up, the garden regained its light, a breeze blew in, and it returned to its original size.

The garden is restored to its former state. The dried-up brooks are singing again, black and bruised flower petals are turning green, birds that have stopped flapping their wings are dancing lightly. Daniel threw off his tattered clothes and ran naked into the garden. We exchanged warm greetings with the living creatures. He wasn't nervous about what others might see, and he wasn't ashamed to be naked.

The family in the garden smiled and sang together joyfully.

"Welcome to heaven!"

Chapter 2

God, Where Are You?

- Why Do You Ignore Evil?

The people gathered on the hill, each straining to see their own universe. After some time, they opened their eyes, each with a different expression. They looked at each other and murmured.

[Person 1] I closed my eyes and then sleepiness overcame me, causing me to fall asleep.

[Person 2] I tried my best to stay awake, but I couldn't see anything, not even my own universe.

[Person 3] I saw something in the distance, but I couldn't

quite make out what it was.

[Person 4] I fell asleep and had a dream, but I can't recall what it was about.

[Person 5] I'm not sure if I was asleep or dreaming, but in my mind's eye, I saw myself sitting in the garden in front of my house.

[Person 6] I had my eyes closed while dreaming, and I saw planets spinning around in a vast sky.

[Person 1] I'm not sure what I'm supposed to be looking at. Has anyone ever seen their own universe?

The confused crowd was suddenly interrupted when Maria 1 stood up with conviction and spoke.

[Maria 1] I saw a rainbow shining brightly in the sky! The garden I visited was full of beautiful flowers, and birds were dancing and singing with joy under the blue sky. It felt like my own little universe!

Daniel, who was sitting at a distance, nodded in agreement

with her words.

[Judah]   I saw a secret garden surrounded by darkness. I felt comfortable and content because I could hide my secrets there.

[Maria 2]   I didn't see a small garden, but a vast world. It was a world as strange as a red rose blooming in the dark sky, with fiery flames blazing all around. There was a chaotic charm of disorder, and dead spirits wandered about at will, feverishly singing and raving. Following their lead, I offered my soul to the underworld, obeying its commands, shouting and dancing and singing with all my might, and the blazing flames gave me an irresistible stimulus; in an instant my whole body was thrown into a joyous frenzy, savoring the height of maddeningly intense pleasure, reaching the peak of overflowing ecstasy. Thus, I rejoiced in the gifts of the dark world… a world where my body and soul could satisfy their sensual desires… a world where I could enjoy an endless supply of strange, sensual touch… a world where flames roared in the blackness of space… this is my Bloody Garden!

Some people cheered for Maria 2 while others frowned at her like a snake.

Christ stood up with a gentle smile after listening to everyone.

[Christ] Friends! Whether you have had a chance to explore your universe or not, your very existence is a universe in itself. We are all small universes living on planet Earth, which is just a tiny part of an infinite universe. The fact that we can see the sun and the moon every day is a reminder that our small universe is just a small part of a much larger one.

[Person 1] Can you explain it in simpler terms?

[Christ] From the moment we are born, our bodies start

growing and changing in harmony with nature. Even the sun, a celestial body that we observe every day, rising in the east in the morning and setting in the west in the evening, is a natural phenomenon governed by the principles of the universe. The sun, moon, and stars are all a part of the heavens and move according to the rules of nature. Similarly, the earth we inhabit also undergoes changes according to the movements of the heavens. Hence, we are like small universes that are closely connected to the earth.

[Person 2] The stars are numerous and cannot be seen as clearly as the sun or the moon, so do the stars that are not clearly visible to our eyes belong to the universe?

[Christ] Friend! Just as your body, which is currently on earth, is your own universe, similarly, the stars in the sky, which are not visible to our eyes, are part of the great universe, and each little star is its own universe.

[Person 4] Sometimes I dream in my sleep at night. Are the things I see in my dreams also things that happen in my universe?

[Christ] Friend, our body consists of two aspects, the visible consciousness and the invisible unconscious. Consciousness is what we experience when we are awake, including our thoughts, feelings, and actions. On the other hand, the unconscious is what we experience when we are asleep, such as our dreams. It is our soul that controls both aspects, the conscious and the subconscious.

When we close our eyes, our subconscious mind projects the things that our mental body desires or fears. These projections are known as visions or dreams. They are the movements of the soul, which showcase various aspects of our desires and pleasures. Visions and dreams can show both earthly and heavenly pleasures. Sometimes, our body desires the pleasures of the world, while our soul longs for the joy of heaven.

In such cases, our unconscious mind shows us the way of goodness through visions or dreams to prevent us from turning to evil. Visions and dreams can be seen as a mirror that distinguishes right from wrong, helping us to make the right choices. Therefore, both visions and dreams are an integral part of us and our universe.

[Person 3] If my physical body dies, what happens to my universe?

[Christ] As long as the universe exists, your soul will be in heaven with your small universe.

They all looked up at the sky simultaneously, wishing that this moment could last forever and that their souls could be eternal with it. They began asking one question after another about the things they wanted to know.

[Person 6] If humans are part of the universe, then who is in charge of our small universe and the larger universe that includes Earth, the Sun, the Moon, and the stars?

[Christ] My friend, there is one Creator who is God. All things, great and small, were created by Him and under His control.

[Person 1] So, does God control the suffering of people? If so, why does God ignore the suffering of good people?

[Some People] That's right! God seems to help the bad people more. They have everything and live well and eat well. Is that what God wants? If not, why does God leave the bad people alone?

[Christ] Friends, let's talk about good and bad people. In reality, it is rare for anyone to be completely good or completely bad throughout their entire life. Our experiences and circumstances can shape our actions and attitudes, causing us to act in ways that might be considered good at times and bad at others. It's important to understand that a person who was considered good in the past can change and become bad, while a person who was once considered bad can change and become good.

As we grow physically, our mind also matures. A developed mind has the ability to distinguish between the positive and negative aspects within itself. Therefore, life on earth is like a school where we gain knowledge and understanding. We are free to choose our own paths as we navigate through the ups and downs of life, and as a consequence, we are able to differentiate between what is good and what is bad. We learn to recognize the difference between right and wrong, and this leads to our spiritual growth and renewal.

My dear friends, have you ever stopped to consider what might be the cause of your suffering? Is it simply because life doesn't always go according to your plans? Or could it be that your desires are driven by greed, causing them to overflow like fountains? Perhaps you believe that your primary goal in life is to accumulate as many material possessions as possible, and you see poverty as a sign of weakness. On the other hand, have you ever stopped to think about what brings you true happiness? Money and wealth may seem like the key to a happy life, but even the richest among us can feel empty and unsatisfied. Conversely, even those who have very little in terms of material possessions can still experience the joy and contentment that life has to offer.

My dear friends, it is important to remember that when God created humanity, He did not intend for us to suffer. Instead, He granted us the gift of discernment - the ability to differentiate between what is good and what is evil, what is light and what is dark. Ultimately, it is up to us to choose our attitudes and perspectives in life, and we must accept the consequences of those choices, whether they lead to happiness or unhappiness.

The good that comes from the light is characterized by love, affirmation, and faith. On the other hand, the evil that comes from the darkness is characterized by hatred, negativity, and mistrust. These two elements will always coexist within us, and whenever life's challenges arise, they will both demand a choice and fluctuate in balance and imbalance. It's important to know that the Light is the force that enlightens and animates our souls, while the Darkness is only a guide to help us find our way to the Light, but not a means of determining our riches and glories. Earthly riches and honors are fleeting and will pass away after the death of the body. But the joys of the soul are eternal in each of us, even though we live and die.

Dear friends, it is up to us to choose the path of love and light or the path of hatred and darkness. This choice is a lesson in life that we must learn and exercise our free will. From the moment we are born, we have the power to direct our own lives according to our will. This power can help us overcome the temptations of darkness and allow our souls to blossom in the joy of faith. This is the truth and the reason why we are born into this world.

[Zara] Brothers! Do we not want to overcome the hardships of life by the power of will that we possess? ⋯

[Christ] Friends! We all have a natural power within us that enables us to tackle life's challenges and reach our full potential. However, we often fail to recognize this power because God's communication with us doesn't involve language, speech or audible voice. Nevertheless, God's message is present all around us, and His Word reaches every corner of the earth for God has placed His tabernacle in the heavens for the sun. [Psalm 19:3-4].

Know yourself, my friends, and know God, just

as you know that the sun is in the sky; then, your life shall be peaceful!

The shouting crowd fell silent and gazed at Christ in unison. Suddenly, Andy sprang forward, took Christ's hand, and asked in a pleading tone.

[Andy] If God grants us peace, then who is it that troubles and tests us?

Everyone agreed with Andy's question. Zara spoke up, quoting his spiritual friend Christ's words about the darkness of the human world.

[Zara] Those who test the minds of others are often those who have fallen into darkness, driven by excessive greed and selfishness. When someone becomes ensnared by the power of darkness, they begin to justify their own actions and the actions of others who are also under the influence of evil. This leads them to spread manipulative and false ideas that disrupt the essence of light. In this way, the forces of darkness are able to possess and manipulate human hearts, taking advantage of psychological vulnerabilities.

Dear brothers, the forces of darkness are not visible to the naked eye, but they reside in the human heart. If my heart is inclined to oppose the power of creation, the light that brings life to the universe, and if I am driven by jealousy or a desire to distort the truth, then I am being influenced by evil. Evil denies human dignity, lies without remorse, appeals to our base instincts, and fuels our selfish desires. It constantly incites wicked thoughts and glorifies evil deeds, transforming immoral behavior into a path to success or victory. Evil even interprets wickedness as righteousness, and justifies any actions taken to advance personal gain.

The ultimate goal of dark forces is to confuse the souls of humans and expand the realm of darkness over the realm of light. Darkness creates a false illusion in the human mind, making it easy to deceive and enslave. Its tools include deception not only in our own hearts, but also in the hearts of our neighbors and friends. Darkness waits for an opportunity to steal our souls and rejoices when we challenge God.

They are capable of manipulating men's primal instincts through convincing deceit. However, there is a boundary that the forces of evil cannot surpass, and that is the reality of the creation of the universe, the existence of heaven and earth, and the essence of love, which is the source of humanity and the fundamental nature of all elements in the cosmos.

[Person 1] Indeed··· how do they draw me into darkness?

[Zara] For instance, when someone constantly complains about the world and blames others, or when we become envious of our neighbor's possessions and desire too much, these negative thoughts and emotions attract the forces of darkness. Our minds then become vulnerable and can be pulled into the grip of darkness.

[Person 3] Then shouldn't I just avoid them?

[Zara] The approach you mentioned is one way to address the issue. However, the problem is that we cannot perceive the ruler of darkness in the same way that we cannot perceive God's providence. Additionally, we cannot distinguish between the messengers of darkness and those who are not. Furthermore, those who work for the dark power are often unaware of themselves as messengers of darkness. Hence, the only option we have is to follow the feeling of our good heart and conscience. If we feel uneasy about something, it might be a sign of the influence of darkness. Nevertheless, when I complain about the world and act selfishly, I find myself facing the messengers of darkness in my heart. These messengers are quick to take advantage of my complaints, grievances, and greed, and often encourage me to put my own success above the needs and well-being of others. They make false promises and pretend to be gods, deceiving me into thinking that their way is the right way. But in reality, their actions only lead me further down a path of darkness and negativity. Although it may feel comforting to follow their lead for a moment, my soul will ultimately become one of the messengers of darkness.

[Person 5] Even if they are considered dark, if they help alleviate my pain, why is it considered bad?

[Zara] Brothers! The dark forces only give humans disguised, momentary satisfaction, and do not solve the hardships of life!

The people were troubled. Those who understood Zara's words were somehow not completely satisfied, and those who did not understand Zara's words wished for someone, anyone, to take away their troubles. Maria 2, who quickly recognized their feelings, exclaimed.

[Maria 2] Poor people! Worship the darkness, for it will lead you to a bloody heaven of mystery, ecstasy and pleasure!

[Maria 1] No! Heaven is the Kingdom of God, a bright and beautiful place, not a place stained with crimson blood!

[Judah] Maria, have you ever faced a difficulty in your life?

[Maria 1] …….

[Maria 2] Hahaha… Don't make up your own paradise without knowing the hardships of life!

This remark caused a few individuals to become emotional, turning red and clenching their fists. They began shouting and interrupting others. Amidst the chaos, Peter raised his arms and yelled out for everyone to calm down.

[Peter] Who sends us fish? Is it a force of light or dark power? Personally, I choose to believe in gods who blesses me with abundance!

[Christ] Fish, my friend, have been a part of human sustenance since the beginning of time. - 'God created the great sea beasts, and every living thing that move in the waters, after their kind, and every bird of the air after its kind, and every fowl of the air after its kind; and it was good in the sight of God'. [Genesis 1:21].

Therefore, my friend, fish and all other food that humans consume to fill their stomachs, were created by God in the beginning.

[Some People] Where on earth is God?

[Christ] Friends, have you ever looked at the air and asked the air where it is? Could you live without it? Have you ever asked the sun why it shines? Could you live without the light of the sun?

My friends, do you acknowledge your own love? And if so, have you ever seen it? Just like you feel and recognize your own invisible love in your heart, similarly, the invisible God is like your love. If you do not believe in God, you can still believe in your own love, because God lives in your loving heart. Your own love is, in fact, the very character of God!

[Andy] Who is God?

[Christ] God is the source of all things in the universe, including you. He is self-existent, eternal, and the beginning of everything.

He is also patient and long-suffering. In His love, He waits so that good may not fall into the valley of evil, and evil may not turn to the truth of good.

Friends, when our earthly life comes to an end and we enter the Kingdom of Heaven, our souls will encounter God once again. At that point, we will once again be free to choose between light and darkness.

It's essential to keep in mind that we are made in

the image of God, and God's image is love. Love acts as a guiding light that protects our hearts, even when we can't perceive it.

My friends, I'm sharing with you the path to eternal life, which is rooted in the truth of the world. He who has ears to hear, let him hear. [Mark 4:9].

Chapter 3

What Exactly is Heaven?

The men sat in silence, basking in the warm sunlight that fell on their heads like a mother bird embracing her eggs, creating a relaxed atmosphere. Suddenly, Peter raised his hand and asked a question, his voice trembling.

[Peter]   Is there really a way to eternal life? It appears that death is an unavoidable fact that each one of us must face. If there is indeed a way to achieve eternal life, will I be reborn once I die? And if that's the case, where will this rebirth take place?

Part II My Universe, Rise Through the Darkness!

Will it be in the Kingdom of God or in Heaven? Also, are the Kingdom of God and Heaven two distinct places?

Everyone sitting around tightened their grip and looked at Christ, silently agreeing with Peter's question.

[Christ] Dear friends, asking these questions can mark the beginning of a new spiritual journey. This journey involves renewing our bodies and minds through repentance for past actions while on earth, and the rebirth of our souls after the death of our physical bodies. The terms 'Kingdom of God' and 'Kingdom of Heaven' can have similar or different meanings, depending on how one interprets them. Therefore, one can understand them in a way that resonates with their heart. As the scripture says, "the Kingdom of God does not come to be seen, nor can it be said to be here or there; but the Kingdom of God is within you"

[Luke 17:20-21].

'The Kingdom of God' and 'The Kingdom of Heaven' are not physical places, nor do they have a straightforward meaning. Every person has their own unique perspective, so their interpretation of these concepts will differ from one another.

When Christ mentioned these concepts, the people around him were confused and didn't fully understand what he meant. As a result, they couldn't respond to him and just stared blankly into space. After a while, Andy broke the silence and gently asked for clarification.

[Andy] Is the Kingdom of God a place where God is… and heaven a place where good people go when they die?

[Christ] Friend! Do you believe in the existence of the Kingdom of God and heaven? Isn't this something we all aspire to? Though we may have different names for the Almighty, and different ways of expressing our faith, we all seek an Absolute power that can help us deal with the inevitability of death. This is why we turn to worship and rituals - to find comfort and peace in the face of our restlessness and loneliness. Ultimately, we seek our own origin - our parent, ancestor and creator.

[Andy] But what about our mother who is uneducated and has struggled all her life for her children? She knows about her ancestors but not the Creator of the world. All she wants is to rest in peace after her death. So, she makes offerings and prayers to her deceased ancestors every day. But, where will our mother, who doesn't know the Creator God, go after she dies?

Several people present there nodded in agreement with his words.

[Some People] We don't know what the beginning is, we don't know what the concept is, we don't know what the new birth is. We're too tired from day to day to think about it. But ultimately, we all desire to go to heaven, where there's no pain and only peace.

[Judah] Is there a place to buy indulgences or is it possible to buy one's way to heaven?

Everyone eagerly nodded in agreement. They seemed hopeful that someone would provide a satisfactory answer.

[Zara] Brothers, embrace your inevitable destiny! Acknowledge your existence, accept your life, and love that we are alive today. No one knows what will happen tomorrow and it is impossible to predict what will happen in the future, especially after death. Therefore, it is important to love yourself and live happily today. If there's a place that sells tickets to heaven without any conditions, it's nothing but a den of evil.

[Some people] We want to have a guarantee of heaven no matter what we do before we die.

[Zara] My dear brothers, pain and peace are intertwined. Just as wounds can sometimes help us grow and renew our spirit, there is also a healing power in them. If we only try to avoid pain, we may also lose our peace. Think about it - if the world continued in uninterrupted peace, we would eventually become bored, forget our creativity, and become like the worms of the earth. Wouldn't we then feel another kind of pain again?

[Maria 1] It is said that God will not allow us to be tempted beyond what we can bear. [1 Corinthians 10:13]. Therefore, if we are struggling with physical or mental illness, we can trust that God will heal us!

[Maria 2] How on earth can there be such unwarranted faith?

[Maria 1] Because God is in me!

Maria's strange statement was impossible to ignore, causing

several others to look at her in disbelief. She looked at Christ with an innocent expression.

Christ held the hand of a child and spoke to the gathered crowd.

[Christ] Friends! We were all once as small and fragile as this child. In our youth, we were innocent and content with the world around us, seeing the beauty in nature and living in harmony with it. We did not blame others or complain to the heavens. As we grew up, we continued to live in harmony with the world and our neighbors. However, life can become difficult and overwhelming, and we may lose sight of the innocence we once had. But the heart of a child still exists within us and is the kingdom of God and heaven. Before you question the existence of God, look at yourself, you're living and moving body, and your beating heart. To know yourself is to know God.

Even if we have faith in God and a good understanding of ourselves, we might still face unexpected disasters and personal sufferings such as natural disasters. However, we should remember that these events and sufferings will eventually pass. After they do, we will find relief in our hearts and gain valuable experience that will help us navigate through life more skillfully.

Faith is inherently true and requires no reasoning or proof. Therefore, the belief that 'God will heal us if we are sick' is also true, and no one can measure or judge another's faith. Faith is an obedient heart, not a command that enforces submission, but a personal will.

Truth is not just about logic or winning arguments. It's about your relationship with the universe. When your body and mind are in sync with the rhythm and order of the universe, you experience the fullness of truth. This rhythm and order is an eternal flow that follows certain rules: yesterday is gone forever, today is the present moment, and tomorrow is inevitable.

Dear friends, just like it was true when we were children, if we understand ourselves, learn from life's experiences, keep our faith strong, and let the rhythm and order of the universe touch our hearts, we can see heaven and dwell in the kingdom of God.

[Maria 2] I don't want to follow any complicated rules in my paradise of pleasure. There is no scary God to judge people, no need to follow uncomfortable truths, and no need to repent of my sins. Why should I be judged by an invisible God? If God really created humans, shouldn't He unconditionally satisfy our desires instead of labeling us as sinners? I don't want the burdensome kingdom of God; I want to live my short life as I please and enjoy as much pleasure as I want. I will enjoy it!

Someone stood up and clapped wildly for Maria 2. On the

other hand, Maria 1 had a shocked expression on their words and actions.

[Christ]   Friends! Differentiate between the kingdom of light and the kingdom of darkness. Distinguish between the happiness of the spirit and the pleasures of the flesh. The darkness is the opposite of light, and the pleasures of the flesh originate from the happiness of the mind. They both have the same source. Just as a river can't flow upstream, darkness can't escape the light, and the body can't reject the mind. Heaven cannot be called darkness, and the wrong deeds done in darkness, hidden from the light, will be a source of shame and calamity to oneself, a trap from which one can't escape.

True Heaven does not tolerate bad behavior of the heart. When a person follows his excessive desires and gratifications, what he sees or feels is just a fleeting vision or sensation revealed in darkness. But when they awaken from this vague illusion, reject the fleeting sensual pleasures, realize that their greed has gone too far, and correct their minds, then the Kingdom of Heaven, the Kingdom of God, will once again dwell in their hearts.

Dear friends, we are all blessed to be born on this beautiful planet. Our happiness is derived from spiritual and physical joy.

One may mistakenly view the grace they have already received as insignificant and believe that excessive indulgence is a symbol of freedom of choice. However, giving in to unrestrained desires will only lead to an endless cycle of satisfaction without any real fulfillment. In fact, it will lead to an empty and dissatisfied self. Even the ego will suffer, wandering aimlessly in darkness and dreaming of unattainable goals. But eventually, there will come a time when the heart, like a lost orphan, will find its way back and align with the rhythm of the universe. At that point, one will discover their true self, understand the real truth, and become a part of the Kingdom of God.

Dear friends, it is important to remember that every single one of us, even those who are indulging in pleasure, is born from our parents, who in turn were born from their parents, and so on. At the very beginning, there is only one Creator, who is the source of all compassion, love, and light. This is something that we should always keep in mind.

Several people stood up, raised their arms and shouted.

[A few people] But what happens to a man who lives his whole life seeking pleasure and dies without knowing the truth?

[Christ] My dear friends, I want to remind you that God is kind, patient and loving. He does not judge us as sinners without reason, nor does he scare us with terrifying punishments.

Even if someone leads a life of pleasure and gives in to darkness, God is always present and willing to offer a way out. As it says in the scripture, 'If I go up to the heavens, you are there; if I make my bed in the depths, you are there.' [Psalm 139:8]. Therefore, even in death, we have the chance to find the truth and turn towards the path of light. Let us not be ashamed of our past mistakes and instead repent and embrace the truth, which will lead us to the kingdom of God.

The people continued to raise their arms and shout.

[Some people] What will happen to a person who dies after living as a sinner all his life?

[Christ] Friends! Truly, truly, I say to you. Distinguish between the sins committed on earth and the sins committed against God in heaven. We should not confuse the transgressions of human morality with the disrespect of the divine. While we may judge a person's actions to be immoral, we cannot declare him guilty of sinning against God. Only God has the authority to examine each person's life and offer guidance in a personal and compassionate way.

Before you pass judgment on God, take a moment to reflect on your own actions. Refrain from foolishly slandering God through denial, attack, or ignorance. These are sins that cannot be absolved. Remember, only God has the authority to judge our faults. Just as we cannot disrespect our parents, we cannot disrespect God. Don't mistake your freedom of choice for a license to sin against God and dishonor your parents. If you feel uneasy about being called a sinner, acknowledge the God of Heaven just as you acknowledge your parents on earth. This way, you can free yourself from the burden of being labeled a sinner.

A person may have lived their entire life as

a sinner in the world. However, when they pass away and their soul reaches the heavenly kingdom, they will come face to face with God the Creator. At that moment, they will have the freedom to choose between light and darkness once again.

The group sat in silence, feeling relieved and relaxed.

[Christ] Friends! Truly, truly, I tell you, unless one is born again, he cannot see the kingdom of God. [John 3:3].

Part III

Armies of Light and Dark

Chapter 1: Warriors of Light
– God's Full Armor

Chapter 2: Solitary Tears of a General
– Friends! Let Us Triumph with the Heart of Light!

Chapter 1
Warriors of Light - God's Full Armor

Daniel was born as the only child of a wealthy family. He grew up surrounded by love from his parents. This abundance of love and generosity made his heart generous as well. He was warm, caring and loving to those around him. Growing up, he spent a lot of time stargazing, communing with nature, and dreaming, which made him a cheerful and intelligent person.

Daniel was a young man in his twenties when he met Christ at a neighborhood gathering. During their meetings, Christ explained the complex and intimate relationship between the invisible Creator, the visible universe, and human beings. Daniel was fascinated by Christ's stories, which opened his eyes to the existence of a Creator he had never known, intrigued by cosmological philosophy, which explored the fundamental principles and changes in the universe, and was deeply interested in understanding himself. Daniel shared all the sacred stories he heard with his parents. Although they did not understand much of it, they listened attentively because it came from their beloved son and they took to heart the truths about the source and nature of wisdom.

Daniel was 20 years old when his father suddenly fell ill and collapsed. Despite his panic, Daniel remained calm and held his father's hand while pleading with him.

- "Dad, please listen to me, I have something important to tell you."

Although his father's eyes were closed, his hand was warm, and Daniel believed that his father could hear him. He narrated the story of 'light and the kingdom of God' that he had heard from Christ.

- "Dad, I heard that when we pass away and go to heaven, we will meet God the Creator. At that point, we have a choice between light and darkness. If we choose the light, we can see heaven and live in God's kingdom. So, Dad, please don't forget to choose the light! Dad, I love you!"

Daniel's father was a brilliant doctor, but he was unable to cure his serious illness and eventually died. His mother, unable to cope with the devastating situation, was overwhelmed with grief and began to fall ill, both physically and mentally, until she too died a month later.

Daniel's life takes a difficult turn when he is suddenly orphaned. He must bid farewell to his happy childhood and face the challenges of his youth, which are rough and tumultuous. This is the first time he discovers his inner world and he struggles with his ego, which holds different values.

Day after day, Daniel sat by his parents' grave and shed

tears. His parents' grave, located in a sunny spot on a hillside by the lake, had become a place of solace where he could find comfort in the midst of his troubles. There he would miss his parents, reflect on their love, find solace, and contemplate his future.

- "What am I supposed to do with my life now?"

Daniel pondered, feeling conflicted.

[Daniel-Light] Why is this happening to me?
[Daniel-Dark] I have always lived a sheltered life under the warmth and infinite love of my parents, unaware of any hardships. But now that their shield is gone, I have to come to terms with living in the cold reality of darkness.
[Daniel-Light] ...

His dark thoughts spoke like an adult, self-lecturing as if omniscient.

[Daniel-Dark] I must live alone without any protection or support. In order to survive in this harsh world, I need to become stronger than others and pursue my own interests. I understand that this process might not always be fair, and it could make me a bad person, but I am willing to build up my strength of character regardless. My ultimate goal is to achieve success at any cost and obtain wealth. I am willing to do whatever it takes, even if it means compromising my values. I understand that this might make me feel guilty, but I'm willing to deal with it. I believe that the key to success is a willingness to do whatever it takes to succeed. I am aware that this may make me appear selfish and greedy, but I am willing to take that risk and mean reputation to others. If I achieve my goal, I will be living a luxurious life, and people will look up to me. I believe that this would be worth living for, and I would finally feel satisfied with my life.

[Daniel-Light] I won't live like that!

He did not want to achieve his personal goals by stepping on others. Instead, he pondered why he could not live a good and righteous life that would bring him inner satisfaction and harmony with others. His mind was divided between pursuing his selfish personal interests or living in harmony with others. He felt perplexed and uneasy. The problem was that the 'bad me' was becoming more dominant, and his selfishness was taking over.

As the sun descended to the bottom of the lake, a cold wind started to blow. Daniel got up and went back home with his unresolved emotions. The night wind swirled through the empty house, moving from room to room. After having dinner, he stood in the front yard and gazed up at the night sky. The moonlight and starlight illuminated the night sky, and he spread his arms wide, breathing deeply and basking in their light. With his mind and mood cleared, Daniel stood still, enjoying the refreshing energy.

After some time had passed, Daniel experienced a

sudden moment of clarity, but it was quickly overshadowed by confusion. In the next moment, he snapped out of his daze as two conflicting thoughts emerged in his mind, both powerfully declaring a single word.

[Light Stem] My dear son, overcome the powers of the world with the truth of the light, with justice and faith!
[Dark Stem] Be a child of darkness, and you will gain the riches of the world!

Daniel's body trembled uncontrollably as he collapsed on the floor, feeling dizzy and experiencing a tingling sensation in his limbs. A cold shiver ran through his veins, and he was overwhelmed by a death-like agony. After a few minutes, he regained consciousness, feeling chilly and weak. He dragged himself back to his room, covered himself with layers of blankets, and drifted off into a deep sleep.

The next day, just as he always did, Daniel visited his parents' gravesite on a hill by the lake. The fresh morning breeze chased away the pain of the previous night, scattering the dew on the blades of grass. Daniel set his mind to shaping his future, starting with learning and creating a stable economic life. Then, he hoped to meet the love of his life and start a happy family. He wanted to share his basic goals with someone and understand what he could expect when he put his plan into action. To do this, Daniel began asking himself questions and answering them. However, he quickly encountered a problem: in his mind, the "bad me" had already taken hold, gained ground, and established itself among the children of darkness.

[Daniel-Light] I want to live wisely, loving nature and my neighbors!

[Daniel-Dark] Love brings no benefit to life! Love for family, lovers, and neighbors may not last long and can turn into hatred, leaving scars on the heart. Even love for nature does not bring practical results in one's life. I don't want to live uncomfortably and risk my life for such reckless love. I would rather follow the plan that I think is appropriate and live my life as I see fit, which I believe is also the wisdom of life.

[Daniel-Light] No! Love is the true flow of light, the truth of the universe, and therefore light is like a loving parent, the home of the heart, and will always embrace me warmly, like the unchanging sun. And the wisdom of life is to know me, to recognize the laws of nature and to live with them. It is not a wise life to have a calculating mind and to live cowardly! But why, do you think a life of love and wisdom is uncomfortable and reckless? Wouldn't I be happy if I lived my life according to my own will? If I were easily manipulated and lived lazily, I would lose my original self. I believe that the impartial spirit of light and love flowing within me will surely overcome the insidious spirit of darkness and pride!

Daniel was feeling lost and indecisive, unsure of what to

do. He was worried about his own weaknesses and felt that talking to himself wasn't enough to help him move forward. He longed for someone to guide him and give him a sense of direction. Suddenly, a dark energy passed through his mind, taking hold of him and screaming loudly.

[Dark Stem]   Obey me! Then I will give you worldly power.

He reacted to this in a mixed way. One part of himself felt rejected and hostile, while the other part was tempted by the simple and clear conditions that were presented and was mired in laziness.

[Daniel-Dark]   I believe that striving for material power will bring me satisfaction. If I become wealthy, what difference does it make whether I am wise or not? I can live a comfortable life and enjoy my time on this earth. We only have one life to live, so why not make it easier? Let's follow those who promise to grant me power and a comfortable life.

[Daniel-Light] No! It is a trap, a deception! They disregard natural order and truth, and instead rely on lies and deceit to lure individuals into immorality. If I were to fall for their trap, my soul would be forever lost to the darkness of evil, even if I were to live or die. These individuals are nothing but foolish hypocrites who lack the ability to create even a single flower!

[Daniel-Dark] What is the standard for truth and what is the standard for falsehood? And why is it important to distinguish between them? What does the order and truth of the natural world have to do with my life? Why should I care if a single flower is created or not? I'll choose what is beneficial to me. That's my truth.

Daniel fell silent for a moment, trying to reconcile the two opposing thoughts in his mind. He found himself torn between two different opinions, both with valid reasons. He wanted them both to understand his perspective.

[Daniel-Light] Is not the recognition of the goodness of human nature truth? Falsehood, on the other hand, is the denial of one's own nature and an evil disposition. It seems to me that good thoughts and pure deeds are the natural state of humanity, while evil thoughts and hypocritical deeds are the antithesis of our natural state.

[Daniel-Dark] I possess both good and evil within me, they are both a part of my true self. So why should I even care who is right between their constant struggle? Their struggles are not my problem. My only concern is to welfare of my being. Besides, nobody is going to punish me for having wicked thoughts or behaving hypocritically, so why bother being good?

[Daniel-Light] Let's think logically and not let emotions cloud my judgment. I am currently residing in a universe called Earth, and I didn't come into existence on my own. This means that I exist within the bounds of nature. Let's take this a step further and consider how the universe was created, by whom, when, and how it was created. I must also think about the principles of nature and order, and where laws come from.

The laws of nature appear to me as the perpetual movement of a positive force. However, the negative force is a malevolent force that obstructs and envies the natural flow of goodness. Regardless of my contemplation, I aim to abide by the laws of nature and maintain my inner integrity. In moments where I must choose between good and evil, I will consistently choose the path of light, goodness, and truth. By doing so, I will become a warrior of justice.

As he began to speak, Daniel's body was suddenly overtaken by a wave of darkness that seemed to want to turn him inside out. The darkness grew angrier and more vicious as it spoke.

[Dark Stem] How dare you disobey my command? I will intervene in your life and see that you are punished for your disobedience! My dark soldiers will hunt you down and destroy your life!

Daniel was troubled as he expressed conflicting thoughts.

[Daniel-Darkness] We should just surrender to them.
[Daniel-Light] No! I will never bow down to their threats!
[Daniel-Darkness] Don't be stubborn! Let's just live an easy life.
[Daniel-Light] I will fight their evil with heavenly truth and justice! You should stay quiet.

In fact, he was terribly afraid, and his heart was torn between the temptation of evil and his attraction towards it. Daniel clasped his hands together and tried to calm himself. He repeated to himself many times.

- "I can do it! I can do it! I can do it!"

After encouraging himself many times, he felt a strong force move through his heart. The force was light, and a stream of love and compassion embraced Daniel, speaking to him with kindness.

> [Stream of Light] For our struggle is not against flesh and blood, but against the rulers, against the authorities, against the powers of this dark world and against the spiritual forces of evil in the heavenly realms. 'Therefore, put on the full armor of God, so that when the day of evil comes, you may be able to stand your ground, and after you have done everything, to stand.' [Ephesians 6:12-13].

In an instant, Daniel regained his peace of mind and made a firm decision.

- "From now on, I will train my soul in goodness and

become a warrior of light. I will put on the full armor of faith, and I will not yield to darkness!"

Daniel, armed with the power of the light, got up and ran down the hill. He had a visitor at home. She was sitting in the flower garden in the front yard and she looked up at him and stood up. A bright light shone over her head. Daniel was dazzled by the sight of her bathed in brilliant light. His heart pounded and fluttered as she smiled shyly and greeted him.

[Maria 1] Hello?

As soon as Daniel heard her voice, he felt a deep sense of relief. The loneliness and isolation he had been feeling began to dissipate, replaced by a feeling of companionship. As he looked at her, he saw her as a soldier of faith, wearing the full armor of her beliefs. He felt a sense of camaraderie with her and greeted her warmly with a sincere heart.

[Daniel] ⋯ Hi! ⋯

[Maria 1] Aren't you hungry ⋯ Do you want to go to my house and eat?

Daniel hesitated, and Maria 1 took his hand and ran. The lakeside breeze ruffled their hair as they ran toward her house. Her mother was delighted with his visit and had prepared a large meal. Daniel's heart sank and his eyes watered as he remembered his own mother. Her mother patted him on the shoulder and said.

[Maria 1 mother] My dear, please eat well and take care of your physical and mental health. Remember, whenever you feel lonely or hungry, you can always come to our house and stay with us.

These words of kindness brought tears to Daniel's eyes as he felt the love and care of his parents in their gentle words.

After their first meeting, Daniel and Maria started meeting each other every day. Daniel, who had previously spent his days talking to himself, recovered and shared with Maria all the stories he had ever wanted to tell anyone. Maria, in turn, opened up about the picturesque small universe in her heart. They shared their thoughts and joys, expressing their true feelings in sincere words, and came to see each other as soulmates. They honored and respected each other while growing the power of light within themselves.

On a typical day, Daniel and Maria sat on the sand, gazing at the beautiful view of the lake shore. The clear waters of the lake shimmered in the sunlight, washing away the dirty tea pebbles as they ebbed and flowed. Water birds soared over the waves, singing loudly and soaring powerfully into the sky. Daniel and Maria also felt refreshed by the flow of the water. They opened the window to their story as their souls spread their wings and leapt toward the bright blue sky. Their story traveled through time and space, riding the wind, crossing the clouds, and echoing high in the sky.

As the day drew to a close, a full moon rose in the dark sky, shining down on Daniel and Maria. Stars twinkled above them, marking their location. Daniel and Maria savored the moment like children at a picnic, reveling in the celestial wonderland.

[Maria 1] Wow, this's fun! The universe is like a playground where all the stars play. And, just like we see the stars in the sky, I bet the stars in the universe see Earth as another star, don't they?

[Daniel] I agree with you, Maria! The universe is like a circle, and I think no matter where a star is, they can see other stars in their universe. I wonder, do they tell each other where their little universe is by blinking?

Daniel and Maria raised their arms high and waved to the stars to show their place in the universe. In response, the countless stars responded by twinkling with their own light.

Daniel and Maria joined the march of the Light as it steadily advanced through the darkness, their spirits overflowing with joy.

The sky embraced the stars and joined hands with the earth. The stars in the sky with their sparkles and the people on earth with their spirits marched together; their procession formed a circle in infinite space, creating a vast universe. Daniel and Maria, jumping for joy, joined the universe, wishing that they too would be eternal like the sun and moon of the universe. With spirits overflowing with joy, Daniel and Maria made a firm resolution to keep pace with the march of the Light, which was steadily advancing through the darkness.

[Daniel&Maria 1] My universe! Put on the helmet of light, put on the full armor of faith, and overcome the darkness!

Chapter 2

Solitary Tears of a General

- Friends! Let Us Triumph with the Heart of Light!

The sun rose, casting its first light on the waves of the lake, signaling the start of a new day. After spending the entire night in prayer, Christ sat down on a rock and stretched his legs. Zara, who had also spent the night in contemplation, joined him and sat down beside him.

[Christ] Good morning, friend! As always, a new day begins and the morning sun shines brightly, reminding us of the beauty of life and the presence of a higher power.

[Zara] The world of God is surely mysterious and magnificent.

[Christ] No matter who we are or where we are in the world, isn't every day a new beginning filled with endless possibilities?

[Zara] It is a bright and new morning, but everyone starts their day differently. Some begin with hope, while others with despair.

[Christ] When we find it difficult to get through the day, we should remember that just as we know the sun will rise tomorrow, the hardships of today will also pass. If we keep pushing and stay positive, good days will eventually come our way.

[Zara] However, for those struggling to get through today, finding hope for tomorrow can be challenging.

Christ felt a deep sorrow as he thought about people who were going through difficult times. Meanwhile, Zara was grieving as he prepared to say farewell to his dear friend. After a while, Zara spoke with a heavy heart filled with regret.

[Zara] I'm leaving this place soon. What about you?

[Christ] My friend! I have a task to complete in my short life. It's my calling to spread the promises of God to the ends of the earth so that all people may know God's true will. I was born to accomplish this task.

[Zara] What do you mean by the true will of God, and can you tell me more about your calling?

[Christ] The true will of God is for all people to have a peaceful life. The calling that God has given me is to make known that the holy heart of God is the wonderful personality and nature of man. The original spirit of God lives in our souls, but this truth is often ignored because of our earthly desires. The most important part of my calling is to communicate the promise that God has made to humanity, which is the truth that our bodies are temporary, but our souls are eternal. It is a covenant of love and compassion.

In recent years, I have tried to explain God's true will to people in simple words and parables. I truly wish that people could understand and accept it, but it is a difficult task. It seems that people are more interested in satisfying their physical needs than in nourishing their spiritual selves. If only people could see the beauty of heaven, earth and nature, experience the clarity of their minds and the richness of their thoughts, and feel the presence of God. It pains me to see people with dry souls who are unable to appreciate the wonders of nature and find no joy in their existence.

- How can I save their lives in the quagmire of pain?

- How can I give people hope in life and death?

- If I risk my life, can my sacrifice really be the

light of life for all?"

Christ couldn't finish his words as he clasped his hands together and looked up to heaven, tears streaming down his face. Zara, feeling the weight of Christ's suffering and sorrow in his heart, spoke his own words.

[Zara] My friend, you have brought back the light of life to me. Ever since I came out of the cave, I have been coming here every day to contemplate and to discover the true meaning of heaven and earth. But then I met you and listened to your pure thoughts, and talking with you has awakened my spirit.

The process of realization began when I looked up at the heavens and was immersed in your purity and infinite ideals. I saw the changing forms of all things in the universe and realized that these forms are repetitive. Furthermore, I realized that every creature in the heavens must return to the place from which it came. I understood that motion is the repetitive path of nature and that it is the law of the universe that it revolves in an infinite circle. Perhaps, as human beings possessing their own little universes, I too will continue to revolve within the great cosmic circle.

When you spoke of the rebirth of man, I realized that the regular rhythm of all things is an established truth. I understood that the regular rhythm of the heavens and the earth is a timeless truth - the principle of rebirth in all of nature, including man and the universe. It dawned on me that the renewal of living beings into bodies and spirits is a visible gift of God, a manifestation of his mercy and love. I also grasped that the rotation of the universe is evidence of the fundamental truth that God lives forever in man and in all life.

Ever since, I have been able to see through the

dark despair of life, embrace a hope that shines brightly, and dream of the infinite possibilities of a rewarding life. My precious dream is that even if my physical body is destroyed by death on earth, and the memory of it is lost, my spirit will not die, but will live on in heaven.

Furthermore, your noble ideals have made me feel like I am a part of the universe, and a precious child of God. Last night, I lay awake and remembered your stories, examined my own heart, and reflected on my own shortcomings. From this, I gained an important insight, that no one can condemn another, regardless of how learned or wealthy they may be, or how uneducated or poor someone else may seem. All are equal children of God.

Now, I want to be free to dance with the stars in my own universe and enjoy the joys of life. To do so, 'I must meet the daylight that illuminates the dark cave!' ['Thus Spoken Zarathustra', p.534, p.538

'The World of Books'].

My friend, I am going back to the cave to greet the bright noon that shines directly without refraction.

Christ stood up and embraced Zara. In that moment, their hearts were filled with a powerful energy that lifted their spirits despite the sadness of their separation.

[Christ] I pray that God's love will be with you as you journey towards enlightenment, my friend.

Zara left the hill, and soon the townspeople gathered on the hill to sit around Christ, as they did every day. They looked at him with longing eyes, hoping to find comfort in the emptiness of their lives, where they had no one else to turn to. With all his heart and soul, Christ began to speak to nourish the hunger of their hearts.

[Christ] My friends, if you find it difficult to get through this day, know that a time will come when you will be able to rejoice and play. Even though you may be weeping now, a day will come when you will be able to laugh. [Luke 6:21]. Therefore, do not worry about tomorrow's work, for it will take care of itself. The trouble of one day is enough for one day. So, take one day at a time and concentrate on the present. [Matthew 6:34].

Friends! God, the creator, is love! [1 John 4:8, 16]. We came into this world because of God's love and all of us are precious and joyful children. Even if you find it hard to believe this truth, believe in the existence of God the same way you believe in the reality of your own body by touching it. If you can't see or feel God's love, hold and feel the love of the God who made your heart, just like you cherish the invisible heart of self-love.

Friends! The path to loving God is through loving oneself. And the way to love oneself is by having an attitude of gratitude towards the true light. The true light is the heart of love and the power of life that resides within us.

Friends, just as God, who lives from eternity to eternity, created all living things out of love, let us to live our lives with love. 'Hatred stirs up strife, but love covers all transgressions.' [Proverbs 10:12]. Therefore, let us hate evil and belong to good, for there is no deceit in love. [Romans 12:9].

Friends! Let's show love to our neighbors! 'Love your neighbor as yourself.' [Leviticus 19:18]. This is the essence of God's tender heart and mercy toward mankind. The right way to show love to others is to consider their circumstances and to forgive their wrongdoings with a true and kind heart.

Friends! Let us always strive to act with good character and use good words. For we have been created by God to be good, and goodness is the very character of God. A person with a good heart will produce good things, while a person with an evil heart will speak evil. So let us cultivate goodness in our hearts and let it overflow in everything we do and speak. [Luke 6:45].

Friends! Always treat others as you would like to be treated. [Matthew 7:12]. This is the rule of courtesy that God has laid down for mankind. Do not forget the teachings of God while keeping the traditions of men. [Mark 7:9].

Friends! It's not wise to seek praise or glory from others. Also, it's essential to refrain from criticizing or condemning others. [Luke 6:37]. As humans, it's not our place to judge; only God has the power to glorify or condemn individuals. It's important to remember that the only condemnation that comes from God is for those who deny God and blaspheme the Spirit of God! [Mark 3:29, 16:16].

Friends! Always pray! Prayer is a way to honestly communicate with God from your heart. It's not just about using fancy words or going through the motions. God created our tongues and knows the true intentions of our hearts, even if we speak falsely. So, let's be sincere in our prayers and always remember to talk to God openly and honestly.

Friends! Remember to always keep the Heart of True Light! This heart belongs to God and is the source of love. It is the foundation of our lives, and it is bright, warm, unadorned, and joyful. It possesses the power of life, and that is why the true light will always triumph over the worldly powers of greed and pride!

Friends! When we conquer the forces of greed and pride by embracing the truth of the true light, we will experience the love of God dwelling within us, along with a sense of joy and triumph. And when God dwells within our hearts, we will find inner peace, and our souls will be fortified with courage.

Christ rose from his place and embraced each one of them, saying farewell in his heart. Christ stood in the middle of them, his heart alone and aching with sorrow, and they took each other's hands like a flower unfolding its leaves. They formed a circle on the hill with their intertwined hands and looked up to heaven with a hopeful smile on their lips. Christ stood in the midst of them, in the midst of their souls just beginning to take their first steps, his arms raised like glorious petals, eye to eye with each one of them, and he cried out.

[Christ] Friends! The heart of God is the source of true light, the joy of victory, and the driving force that makes us feel alive.

Friends! Whenever our hearts beat, we can be assured that God is leading us towards peace.

Friends! Let us stand together in the ranks of the True Light and become soldiers of peace.

Friends! Let us triumph with the heart of the true light and spread love and kindness everywhere.

After everyone had left, Christ knelt alone in the hillside garden with his face raised to heaven. With a sorrowful heart, he said his last prayer as darkness fell.

[Christ]   Abba, Father! [Mark 14:36]. Give your children the strength to live a courageous and meaningful life on earth… Watch over them like the pupil of Your eye, that they may not stumble in their life on earth… Hide them under the shadow of your wings… [Psalm 17:8]. Secure their life on earth.

Father, Father! Your children are heartbroken because they cannot see God. Moreover, some children worship and rely on vain things to be comforted from their spiritual and physical sufferings. Father, Father! Please heal their pitiful and foolish hearts with love. Help them to perceive the living presence of God, the invisible Creator, when they see with their own eyes the stars in the sky, the flowers on the earth, and their parents. Give them whole hearts so that they may taste with joy the love that God has given them.

Father, Father! When your children realize the calamity and distress in their hearts⋯and make any prayer or supplication⋯may the Lord hear their prayer and supplication from heaven and take care of their affairs. [2 Chronicles 6:29, 35].

Father, Father! When your children unknowingly do wrong or when they are aware of their wrongdoing and repent, wash away their transgressions with your mercy. Please look upon the sorrowful hearts of your children, wipe away their tears and lead them out of the dark valley of the shadow of death.

Father, Father! I pray that you grant peace in the hearts of your children who are struggling with worldly desires. May they not suffer from the fleeting desires of this earth, but instead, receive the never-ending blessings of heaven.

Father, Father! Your children suffer under the

heavy burdens of life; give me the burdens they cannot bear and set them free. Give your children the freedom of mind and body to throw off the yoke and enjoy the beautiful world you have created.

Father, Father! I implore You to awaken their souls to know God, their loving Father, and to understand that they are precious and eternal children of God.

Father, Father! Help your children to recognize the unchanging truth that there is one Creator of heaven and earth, just as there is one biological parent who gave birth to them on earth.

Father, Father! Among your children, there are those who are proud and exalt themselves, disregarding the presence of God and their parents. Help them to awaken their minds so that they can recognize the ongoing flow of the natural and human world, as well as their own place within it. Grant them the humility to understand and acknowledge that this flow is part of God's heritage.

Father, Father! please help your children to live their lives with good character and become children of the light. Please keep them strong in both body and mind so they do not fall prey to the evil disposition that lurks within them and become children of darkness.

Father, Father! Grant your children the wisdom to distinguish between truth and falsehood in their speech and recognize the freedom of choice in truth.

Father, Father! Please guide your children to purity righteousness through faith, not fall into the temptation of evil. [Habakkuk 2:4].

Father, Father! Give your children a gentle heart to love God and their neighbors. [Matthew 22:37-39].

Father, Father! Please grant that your children may receive the Spirit of Truth and know that

God dwells with us and in us. [John 14:17].

Father, Father! Please grant your children the eternal fountain of life, free from worldly thirst. [See John 4:14].

Father, Father! Let your children experience the kingdom of God within you. [Luke 17:21]. Please let your children know they are children of God, whether they live or die.

Father, Father! Please guide your children out of darkness and fear. Fill them with light, joy, and invite them to your kingdom of grace and glory.

Father, Father! I come to you now, Father. May your true will be done, on earth as it is in heaven! Amen!

Christ fell on his face and prayed with all his heart, soul, mind, and strength. [Deuteronomy 6:5]. His face was drenched in tears and sweat that fell like rain on the parched ground.

The heavy clouds covered the sky above the hill where

Christ lay prostrate. Gradually, the clouds parted, scattering mist to the ground, and the dawn broke. From time to time, the moon and stars, previously obscured by the clouds, appeared, and their light blended with the dawn to form dewdrops. These countless droplets reflected the aurora, causing rainbow colors to streak through the air. A magnificent silence drifted through the wind, and a moment later, heaven and earth parted, and the sun shone through the gap, leaving a trail of dust in its wake. As a result, sleeping creatures stirred, awoke, and blinked into the dawn light.

With the first light of dawn, the gates of the great heavens opened, revealing one sky after another until the true light illuminated the entire earth. All the living beings in the heavens absorbed the light and moved through their universe with songs of joy, feeling invigorated.

Christ rose up with tears rolling down his face and stretched his arms towards heaven. The True Light extended its hand to Christ, and with His other hand, Christ clasped the hands of all the people in the world.

The light illuminates the sky and carries the soul's voice on the wind to all living beings.

"Fear not, for I am with you···I will strengthen you···yes, I will support you with My righteous right hand··· [Isaiah 41:10]."

Christ brought the covenant of true light, love and hope to all nations and spread joy in the hearts of people everywhere. His message was imprinted on the souls of all men. Christ exclaimed,

"Friends! Let us triumph in the heart of true light!"

References
The Complete Bible-Agape Holy Bible, New International Version
Thus Spoke Zarathustra by Friedrich Nietzsche (Page 82, 102, 125, 274, 277, 340)

빛의 심장으로 승리하라!
Triumph with the Heart of Light!
–당신은 누구의 후예입니까? –

1판 1쇄 인쇄 _ 2024년 7월 20일
1판 1쇄 발행 _ 2024년 7월 25일

지은이 _ 유니스 김 Eunice Kim
펴낸이 _ 이형규
펴낸곳 _ 쿰란출판사

주소 _ 서울특별시 종로구 이화장길 6
편집부 _ 745-1007, 745-1301~2, 743-1300
영업부 _ 747-1004, FAX 745-8490
본사평생전화번호 _ 0502-756-1004
홈페이지 _ http://www.qumran.co.kr
E-mail _ qrbooks@daum.net / qrbooks@gmail.com
한글인터넷주소 _ 쿰란, 쿰란출판사
페이스북 _ www.facebook.com/qumranpeople
인스타그램 _ www.instagram.com/qrbooks
등록 _ 제1-670호(1988.2.27)
책임교열 _ 최진희·최찬미

ⓒ 유니스 김 2024 ISBN 979-11-6143-964-8 03230

책값은 뒤표지에 있습니다.
이 출판물은 저작권법에 의해 보호를 받는 저작물이므로 무단 복제할 수 없습니다.
파본(破本)은 구입처에서 교환해 드립니다.